PETER HÄBERLE

Der Sonntag als Verfassungsprinzip

Schriften zum Öffentlichen Recht

Band 551

Der Sonntag als Verfassungsprinzip

Von

Peter Häberle

Zweite, erweiterte Auflage

Duncker & Humblot · Berlin

Bibliografische Information Der Deutschen Bibliothek

Die Deutsche Bibliothek verzeichnet diese Publikation in
der Deutschen Nationalbibliografie; detaillierte bibliografische
Daten sind im Internet über <http://dnb.ddb.de> abrufbar.

1. Auflage 1988

Alle Rechte vorbehalten
© 2006 Duncker & Humblot GmbH, Berlin
Satz: Klaus-Dieter Voigt, Berlin
Druck: Berliner Buchdruckerei Union GmbH, Berlin
Printed in Germany

ISSN 0582-0200
ISBN 3-428-12172-4

Gedruckt auf alterungsbeständigem (säurefreiem) Papier
entsprechend ISO 9706 ♾

Internet: http://www.duncker-humblot.de

Vorwort zur zweiten, erweiterten Auflage

Seit dem Erscheinen der Erstauflage vor 18 Jahren haben sich fast alle rechtswissenschaftlichen Literaturgattungen des Themas angenommen. In Deutschland gestalteten und begrenzten die Gesetzgeber den Sonn- und Feiertagsschutz intensiv, hohe Gerichte konkretisierten ihn. Weltweit haben sich neue Textstufen entwickelt. In Deutschland scheiterte die geplante Abschaffung des 3. Oktober (2004). „Welttage" der UN nehmen zu. All diese Entwicklungen zeichnet die zweite Auflage nach. – Der Verf. dankt dem Hause Duncker & Humblot für die verlegerische Betreuung, insbesondere Frau H. Frank.

Bayreuth / St. Gallen in März 2006 *Peter Häberle*

Vorwort

Die vorliegende Schrift ist die „andere Hälfte" des Gesamt-Themas Sonn- und Feiertagsrecht im Verfassungsstaat, das der Verf. mit dem Büchlein „Feiertagsgarantien als kulturelle Identitätselemente des Verfassungsstaates" 1987 in Angriff genommen hat: als Teilkonkretisierung des Programms einer Verfassungslehre als Kulturwissenschaft (1982). War dort die Sonntagsproblematik nur in einem Exkurs („Die Infragestellung des Sonntags als Tag der Arbeitsruhe", Feiertagsgarantien, S. 52 bis 60) behandelt worden, so versucht die jetzige Schrift, das Sonntags-Thema zentral zu erörtern. Einen Ausschnitt konnte der Verf. auf Vorschlag von Herrn Kultusminister a.D. Prof. Dr. Dr. h.c. *Hans Maier,* dem Vorsitzenden der Sektion für politische Wissenschaft und Kommunikationswissenschaft der Görresgesellschaft, auf deren Jahrestagung in Bayreuth am 3. Oktober 1988 vortragen. Der Verf. dankt *Hans Maier* für die Einladung und seine Diskussionsleitung, einigen Teilnehmern, insbesondere den Professoren *U. Altermatt* (Fribourg), *H. Heinz* (Augsburg) und *J. Wilke* (Mainz) sowie *C. G. Fetsch,* dem Vorsitzenden des Bundes Katholischer Unternehmer, für anregende Gespräche. Dem Verlag Duncker und Humblot bzw. Herrn Rechtsanwalt *N. Simon* und Frau *G. Michitsch* sei für die zügige Drucklegung, meinen Mitarbeitern für treue Hilfe beim Korrekturlesen gedankt.

Bayreuth/St. Gallen, im Oktober 1988

Peter Häberle

Inhaltsverzeichnis

Einleitung

Aktualität und Problematik   9

Erster Teil

Rechtsvergleichende Bestandsaufnahme   15

I. Verfassungsrechtliche Garantien des Sonn- und Feiertagsschutzes in Verfassungsstaaten bzw. westlichen Demokratien, im GG und in deutschen Bundesländern 15
   1. Sonntagsgarantien auf Verfassungsebene 16
   2. Feiertagsgarantien in Verfassungsstaaten bzw. westlichen Demokratien, im GG und in den deutschen Bundesländern 20

II. Der deutsche Sonn- und Feiertagsschutz im Spiegel des einfachen Rechts, insbesondere die Erfüllung des verfassungsstaatlichen Schutzauftrages 24
   1. In Gestalt der Sonn- und Feiertagsgesetze der Länder 25
   2. In Gestalt der Gewerbeordnung und ihrer Ausnahmetatbestände 33
   3. In Gestalt sonstiger Rechtsnormen 41
   4. Inkurs: Vergleich der Ausnahmekataloge 42

Zweiter Teil

Kulturanthropologische bzw. verfassungstheoretische Begründung des Sonntags bzw. der Feiertage   47

I. Sonntage und Sonntagskultur im Verfassungsstaat, das Verfassungsprinzip Sonntag, Sonntagsverhalten in der Freizeitgesellschaft, Sonntagswirklichkeit 47

II. Die „Positiv-Seite" des Sonntags – das grundrechtsorientierte Sonntagsverständnis – der Verfassungskompromiß 61
   1. Die Positiv-Seite des Sonntags 61
   2. Das grundrechtsorientierte Sonn- und Feiertagsverständnis 65
   3. Der Verfassungskompromiß 72

III. „Arbeitsruhe" und „seelische Erhebung": Das spannungsreiche Gegen- und Miteinander der beiden Sinnkomponenten des Art. 139 WRV/140 GG im Kontext der „Arbeits-", „Freizeit-" und „Kulturgesellschaft", die zwei Ausnahmen (Arbeiten trotz Sonntag und Arbeiten für den Sonntag) 74

IV. Feiertage in der BR Deutschland und im verfassungsstaatlichen Vergleich – ihre theoretische Einordnung als spezielle kulturelle Identitätselemente des Verfassungsstaates 79

    1. Feiertage in der BR Deutschland 79

    2. Feiertage im verfassungsstaatlichen Vergleich – ihre theoretische Einordnung als kulturelle Identitätselemente des Verfassungsstaates 81

Dritter Teil

Rechtspolitik „in Sachen Sonntag" – „Feiertagspolitik"?   84

I. Fragen zum Entwurf eines ArbZG 84

II. Plädoyer für pluralistische Sonn- und Feiertagsbeiräte 88

III. „Feiertagspolitik" im Verfassungsstaat 91

Zusammenfassung in Leitsätzen   93

Nachtrag zu bzw. „Fortschreibung" von:
Der Sonntag als Verfassungsprinzip   96

Einleitung 96

   I. Neuere verfassungsstaatliche Sonntagsgarantien 99

      1. Deutschland, insbesondere die Verfassungen der neuen Bundesländer   99

      2. Verfassungen in Europa, insbesondere in Österreich, sowie weltweit . 103

  II. Entwicklungen des deutschen Sonn- und Feiertagsrechts auf einfachgesetzlicher Ebene – höchstrichterliche Judikatur 104

  III. Inkurs: Neuere verfassungsstaatliche Feiertagsgarantien 107

      1. Die Verfassungen der neuen Bundesländer in Deutschland 107

      2. Verfassungen in Europa, insbesondere in österreichischen Bundesländern und osteuropäischen Reformstaaten 107

      3. Die Verfassungen – weltweit 108

      4. Nationale Feiertage und Verfassungstage in der Wirklichkeit 111

         a) Der 17. Juni in Deutschland 112

         b) Der 3. Oktober als neuer Nationalfeiertag des wiedervereinigten Deutschlands 113

  IV. Weltweite Gedenktage, Aktions- und Ehrentage – Welttage, Internationale Tage 116

Ausblick   118

Einleitung

Aktualität und Problematik

I. Das Thema „Sonn- und Feiertagsrecht im Verfassungsstaat" hat in seinen beiden „Flügelhälften" jüngst hohe Aktualität gewonnen, die Tages- mit Grundsatzfragen des politischen Gemeinwesens verbindet, ein interdisziplinäres Gespräch zwischen den beiden Kirchen bzw. der Theologie und den Sozialwissenschaften sowie der Jurisprudenz eröffnet und viele Foren, Ausdrucksformen und Literaturgattungen unserer offenen Gesellschaft in seinen Bann zieht: jetzt auch die ehrwürdige Görresgesellschaft. Das *„Sonntags-Thema"* ist längst nicht mehr nur Gegenstand von sog. „Sonntagsreden", sondern Ort harter Konflikte. Es hat fast alle Medien der öffentlichen Meinungsbildung unserer Republik erfaßt und beschäftigt die politischen und rechtlichen Handlungsträger ebenso wie die Wissenschaftler vieler Disziplinen – eine große Herausforderung und Chance! Erinnert sei an die (vor der Bundespressekonferenz in Bonn vertretene!) Gemeinsame Erklärung der Deutschen Bischofskonferenz und des Rates der Evangelischen Kirche in Deutschland von Anfang 1988[1]: „Unsere Verantwortung für den Sonntag", mit dem Satz „Die Sonntagsruhe ist ein Zentralwert unserer Kultur"[2], an eine Erklärung des Zentralkomitees der deutschen Katholiken („Zukunft des christlichen Sonntags in der modernen Gesellschaft")[3], an Stellungnahmen der Gewerkschaften[4], an Äußerungen von Arbeitgeberseite, an Leit-

---

[1] Vgl. FAZ vom 10.2.1988, S. 6; voll abgedruckt in FR vom 13.2.1988, S. 10.

[2] Siehe auch den ökumenischen Brief von Landesbischof *Lohse* und dem Bischof von Hildesheim *Homeyer* an die niedersächsischen Bundestagsabgeordneten und die Abgeordneten im Landtag von Hannover (FAZ vom 11.3.1988, S. 4), eine Genehmigung von Sonntagsarbeit „aus rein wirtschaftlichen Erwägungen" könne die soziale, gesellschaftliche und religiöse Sonntagskultur ernsthaft schädigen. – Als eine Stimme aus dem Echo auf die Gemeinsame Erklärung der beiden großen Kirchen sei die Äußerung von Bundesarbeitsminister *N. Blüm* zitiert (vgl. FAZ vom 10.2.1988, S. 6): Gerade in bewegten Zeiten brauche der Mensch Ruhepole und Tabus. Die Sonntagsruhe gehöre dazu.

[3] Vom 1.2.1988.

[4] Z.B. IG-Metall Vorsitzender *F. Steinkühler*, zit. nach Nordbayerischer Kurier vom 19.2.1988, S. 6: Sonntagsarbeit bedeute sieben Tage Verfügbarkeit des

artikler in Tages- und Wochenzeitungen[5], an eine Urabstimmung über Sonntagsarbeit seitens der Gewerkschaft Textil/Bekleidung im Bezirk Bayreuth/Marktredwitz[6], an die Auffassungen von Landtagsabgeordneten[7], an Leserbriefe prominenter und unbekannter Mitbürger[8], an Gut-

---

Arbeitnehmers. Die Familien würden auseinandergerissen und Freizeit zerstört. „Wenn erst mal die Argumentation um sich gegriffen hat, daß Sonntagsarbeit aus Gewinnstreben zulässig ist, dann gibt es keinen Damm mehr gegen die generelle Einführung der Sonntagsarbeit". Siehe aber auch FAZ vom 12.9.1988, S. 13: „IG Chemie schließt Sonntagsarbeit nicht mehr aus." – Für die Arbeit*geber* der Druckindustrie dürfen „Samstag und Sonntag kein Tabu sein" (FAZ vom 3.9.1988, S. 13). – Für die deutsche Textilindustrie appellierte zuletzt *W. D. Kruse*, der Präsident ihres Gesamtverbandes, im Blick auf Europa Sonntagsarbeit in bestimmten Zweigen zuzulassen, denn in den Nachbarländern dürften die teuren Spinn- und Webmaschinen auch am Wochenende laufen, was den dortigen Unternehmen einen beachtlichen Kostenvorsprung beschere (FAZ vom 24.9.1988, S. 13). Zuletzt etwa der nordrhein-westfälische SPD-Fraktionsvorsitzende *Farthmann*, der sich *gegen* die Sonntagsarbeit aussprach, für den Arbeit am *Samstag* aber kein Tabu ist (FAZ vom 19.9.1988, S. 13).

[5] Z.B. *A. Schnorbus*, FAZ vom 26.3.1988, S. 13: „Nicht alle Tage ist Sonntag." Siehe auch *C. Graf von Krockow*, in: „Die Zeit" Nr. 9 vom 26.2.1988, S. 69: „Die Welt am Sonntag". Siehe ferner „Die Zeit"-Serie: „Sonntags nie": vgl. *E. Breit*, Wes Herren Tag?, „Die Zeit" Nr. 9 vom 26.2.1988, S. 23; *E. K. Scheuch*, Heilig ist nur die Freizeit, Der Sonntag hat seine Sonderstellung weitgehend verloren, „Die Zeit" Nr. 10 vom 4.3.1988, S. 35; *H.-T. Beyer*, Mit zweierlei Maß, Die Gegner der Sonntagsarbeit in der Industrie sind inkonsequent, „Die Zeit" Nr. 11 vom 11.3.1988, S. 41; *U. Wilckens*, Ein Leben nur für die Arbeit?, „Die Zeit" Nr. 12 vom 18.3.1988, S. 38. Zuletzt: Der „Aufmacher" des „Spiegel", Nr. 40/1988 vom 3.10.1988, S. 25 - 42: „Sonntags doch".

[6] Zit. nach Nordbayerischer Kurier vom 18.2.1988, S. 12. Danach haben sich 71,73 Prozent der befragten 2197 Textilarbeiter *gegen* die Sonntagsarbeit ausgesprochen. Im November 1988 sammelten katholische Pfarreien in Bayern Unterschriften *gegen* die Sonntagsarbeit.

[7] Vgl. den Vorsitzenden der CDU-Fraktion in Stuttgart *Teufel* mit der Äußerung (zit. nach FAZ vom 16.5.1988, S. 5): „Für mich hat der Sonntag unmittelbar mit der Würde des Menschen zu tun. Er erinnert daran, daß der Mensch kein Mittel zum Zweck und daß Arbeit nicht der einzige Inhalt und das höchste Ziel des Lebens ist. Die Bedeutung des Sonntags für den einzelnen und für die Gesellschaft kann nur bewahrt werden, wenn er gemeinsam begangen wird und damit öffentlich wahrnehmbar bleibt. Ein wechselnder freier Tag kann in gar keiner Weise den freien Sonntag ersetzen." – Siehe auch *H.-J. Vogel*, in: Der Spiegel Nr. 37/1988 vom 12.9.1988, S. 22: „Nach meiner Auffassung muß es im Wochenrhythmus einen Zeitabschnitt geben, der nicht von ökonomischen oder von Kostengesichtspunkten beherrscht wird. Menschen müssen einen Tag haben, den sie aus religiösen oder anderen Gründen der Muße oder der Einkehr widmen. Einen Tag, an dem sie für die Familie, für soziale Aktivitäten – etwa in einem Verein – Zeit haben." ... „Das wäre für mich eine Einebnung des Sonntags. Das würde alle Tage der

achten[9], an Gerichtsentscheidungen und Aufsatzliteratur[10], an Hearings mit Auftritten eines Philosophen wie R. *Spaemann* mit der suggestiven These[11], das „Verfassungsgut Sonntag" dürfe nicht vorschnell angeblichen technisch-wirtschaftlichen Zwängen geopfert werden („An diesem Tag sind wir nicht Knechte, sondern Herren"); erinnert sei auch an parlamentarische Debatten (z.B. im Münchner Landtag)[12].

II. Die weitgefächerte Diskussion um den Sonntag ist eine Reaktion auf seine neuere *Infragestellung* in Wirtschaft und Gesellschaft. Diese geschieht von *zwei* Seiten aus: Zum einen verlangen in der *Industrie* angebliche oder wirkliche wirtschaftliche und technische Sachzwänge, der Wandel der Arbeitswelt, die Flexibilisierung der Arbeitszeit, der (internationale) Wettbewerb – von Arbeitgeberseite viel berufen – Einschränkungen der Sonntagsruhe: sei es durch die Bewilligung von mehr Ausnahmen unter dem geltenden Recht, sei es durch rechtspolitisch weiter gefaßte Ausnahmetatbestände (wie im geplanten Arbeitszeitrecht: EArbZG 1987). Beispiele sind die – umstrittene – bislang durch den Stuttgarter Regierungspräsidenten *M. Bulling* nur befristet erteilte Erlaubnis zur Sonntagsarbeit in der Firma IBM zur Produktion von Ein-Mega-Chips[13] sowie Parallelfälle in Bayern, in der Firma Siemens in Mün-

---

Woche immer gleichförmiger machen. Und das würde ich für einen Verlust an Humanität und an Lebensqualität halten."

[8] Z.B. Prof. *B. Sutor,* FAZ vom 7.3.1988, S. 19: „Gefahr für den Sonntag als kulturelle Institution." – Dr. *K. Neundörfer,* FAZ vom 23.4.1988, S. 10: „Der Sonntag muß neu überdacht werden." – Zuletzt etwa der Leserbrief von *P. Platzer,* in: Nordbayerischer Kurier vom 6.10.1988, S. 12: „Rettet den Sonntag für die Familie" mit der These: „Kerwa wird zu einer raffinierten Umschreibung für Sonntagsarbeit."

[9] *R. Richardi,* Grenzen industrieller Sonntagsarbeit. Ein Rechtsgutachten, 1988; *W. Däubler,* Sonntagsarbeit aus technischen und wirtschaftlichen Gründen, Beilage Nr. 7/88 zu Der Betrieb; *J. P. Rinderspacher,* Am Ende der Woche, 1987.

[10] Vgl. unten Anm. 17ff., 136ff. sowie *T. Mayen,* Sonntägliche Arbeitsverbote und freizeitorientierte gewerbliche Betätigung, DÖV 1988, S. 409ff.; *A. Mattner,* Sonntagsruhe im Spiegel des Grundgesetzes und der Feiertagsgesetze der Länder, NJW 1988, S. 2207ff.

[11] So vor der CDU-Landtags-Fraktion in Stuttgart, zit. nach FAZ vom 22.6.1988, S. 6. Abdruck in FR vom 16.9.1988.

[12] Vgl. Nordbayerischer Kurier vom 7.3.1988, S. 5 mit der Schlagzeile: „Streit um Sonntagsarbeit, SPD gegen Ausweitung, CSU: Wettbewerbsfähig bleiben."

[13] Vgl. FAZ vom 16.5.1988, S. 5 und 22.6.1988, S. 6. Um eine endgültige Genehmigung zu erhalten, muß IBM bis zum Herbst nachweisen, daß die Ausschußquote um mindestens fünf Prozent vermindert werden kann (SZ vom 30.4.1988, S. 33); sie wurde am 14.11.88 erteilt.

chen und Regensburg (Sonntagsarbeit seit dem 1.4.1988 für 250 bzw. 400 Beschäftigte bei der Produktion von Mikro-Chips[14]). – Um *Zahlen* zu nennen: Nach einer Berechnung der CDU[15] hat sich der Anteil der Sonntagsarbeit in den Dienstleistungsbetrieben in den letzten zwanzig Jahren auf 13 Prozent verdoppelt, während er in den Produktionsbetrieben unverändert bei etwa 5 Prozent liegt. Derzeit leisten etwa 4,5 Millionen Menschen in der Bundesrepublik regelmäßig oder unregelmäßig Sonntagsarbeit. Eine genaue Statistik über den Umfang der Sonntagsarbeit gibt es nicht. Das Institut der Deutschen Wirtschaft schätzt[16], daß schon jeder vierte Beschäftigte gelegentlich oder ständig am Wochenende arbeitet.

Zum anderen führt die Zunahme des *freizeitorientierten Dienstleistungssektors* zum Wunsch nach mehr Ausnahmen vom sonntäglichen Arbeitsverbot. Das zeigen die jüngsten Gerichtsentscheidungen zum Betreiben privater Auto-, Floh- und Trödelmärkte, Mitfahrerzentralen, Videotheken oder Sonnenstudios[17]: So qualifiziert das *BVerwG*[18] einen Gebrauchtwagenmarkt für nichtgewerbliche Anbieter und Nachfrager als „Veranstaltung zur Ermöglichung typisch werktäglicher Lebensvorgänge und daher als mit der verfassungsgesetzlichen Zweckbestimmung des Sonntags nicht vereinbar". So sieht dasselbe *BVerwG*[19] in der gewerblichen Vermietung von Video-Kassetten in den zu diesem Zweck dem Publikumsverkehr geöffneten Geschäftsräumen ein „öffentlich bemerkbares Verhalten, das als solches von dem Schutzbereich des Art. 140 GG, 139 WRV erfaßt wird" (und verboten ist). So erachtet der *Bayerische VGH*[20] gewerbliche Sonntagsarbeit nur dort für nicht verboten, „wo Freizeitgestaltung das *gleichzeitige* Anbieten der entsprechenden Dienstleistung voraussetzt und wo dementsprechend das Anbieten der Leistung von der Bevölkerung als Bestandteil ihrer Freizeit, nicht aber als normale Alltagsarbeit seit jeher verstanden wird". Doch genug der Kasuistik[21]!

---

[14] Vgl. FAZ vom 24.3.1988, S. 12: „Sonntags zu den Halbleitern".
[15] Vgl. FAZ vom 16.5.1988, S. 5.
[16] Zit. nach SZ vom 30.4./1.5.1988, S. 33: „Der Alltag frißt den Tag des Herrn."
[17] Nachweise bei *Mayen* (oben Anm. 10), S. 409 (410); siehe auch *A. Mattner*, Sonn- und Feiertagsrecht, 1988, S. 215ff.; ders., Sonntagsruhe..., NJW 1988, S. 2207ff.
[18] Urteil vom 15.3.1988, DVBl. 1988, S. 584 (= NJW 1988, S. 2254).
[19] Urteil vom 19.4.1988, DVBl. 1988, S. 744 (= NJW 1988, S. 2252).
[20] GewArch 1985, S. 309 (310).

Die *Verteidigung* des Sonntags an dieser „*Doppelfront*" des industriellen Wandels und des wachsenden „Freizeitgewerbes" erfolgt in Deutschland in einer „heiligen Allianz" von (ökumenisch) zusammenstehenden Kirchen hier und Gewerkschaften dort. Die Stichworte sind bekannt bzw. wurden eingangs in Erinnerung gerufen.

III. Das *Feiertags-Thema*, die zweite „Themen-Hälfte" der Gesamtproblematik, ist erst jüngst von der Verfassungsrechtslehre behandelt worden, im Wettlauf mit den anderen Wissenschaften[22]. Diese „späte" verfassungsjuristische Karriere des Themas überrascht, da wohl alle Staaten „ihre" Feiertage haben, da schon ein flüchtiger Blick in überregionale Zeitungen fast täglich irgendwo auf der Welt spezifische Manifestationen eines Feiertagsgeschehens zur Kenntnis bringt: vom 14. Juli in Frankreich bis zum 16. Juni als inoffiziellem Soweto-Tag der Schwarzafrikaner in Südafrika, von umstrittenen bzw. „schwierigen" Feierta-

---

[21] Nach *OLG Hamm* (GewArch 1985, 310 ff.) fällt der Betrieb einer *automatischen Autowaschanlage* „als öffentlich bemerkbare Arbeit" unter das Verbot von § 3 FeiertagsG NRW, weil er geeignet ist, die äußere Ruhe des Tages zu stören. Der Feststellung, daß sich jemand konkret gestört fühlt, bedarf es nicht". Nach seiner Auffassung bezeichnet das Gesetz mit dem Zustand der „äußeren Ruhe" „nicht lediglich eine Dämpfung des Alltagslärms, sondern eine im öffentlichen Leben spürbare Unterbrechung des werktäglichen Arbeitsprozesses. § 3 FTG NW soll den Konkurrenzdruck der Arbeitswelt aufheben und gewährleisten, daß der Bürger unbelastet von der Hektik und den Anstrengungen des Alltags seine Freizeit genießen, seine Liebhabereien verfolgen und seine seelischen, insbesondere religiösen Bedürfnisse befriedigen kann" (unter Hinweis auf *OVG Münster*, GewArch 1983, S. 274). Das OLG Hamm spricht ferner von „so beschriebener allgemeiner sonntäglicher Stimmung", „innerer Sammlung" sowie „Entspannung vom beruflichen Konkurrenzdruck". – Nach *BayVGH* GewArch 1985, S. 309 (310) dient das FTG „über den akustischen Ruheschutz hinaus auch sozialphysischen und sozialpsychischen Zwecken. Es will ganz allgemein den werktätigen Arbeitsprozeß von äußerlich in Erscheinung tretenden Arbeiten unterbrechen". – Das *OVG Hamburg* GewArch 1985, S. 308 (309) hält „mit dem zu wahrenden äußeren Erscheinungsbild der Sonn- und Feiertage ... die normale Werktagsarbeit und den für den Werktag typischen Betrieb von Geschäften unvereinbar" (in concreto *Verleih von Videocassetten*).

[22] *P. Häberle*, Feiertagsgarantien als kulturelle Identitätselemente des Verfassungsstaates, 1987; *P. Hugger* (Hrsg.), Stadt und Fest, Zur Geschichte und Gegenwart europäischer Festkultur, 1987; *W. Gebhardt*, Fest, Feier und Alltag, 1987; *D. Düding* u. a. (Hrsg.), Öffentliche Festkultur, 1988; *H. Maier*, Über revolutionäre Feste und Zeitrechnungen, in: ders., Revolution und Kirche, 5. Aufl., 1988, S. 269 ff.; *U. Schultz* (Hrsg.), Das Fest, 1988; *J. Heideking*, Die Verfassung vor dem Richterstuhl, 1988, S. 711 ff. (in bezug auf die USA: „Die neue republikanische Festkultur"); zuletzt *H. Becker*, Über Feste, Festivals und Spiele, FR v. 25. 10. 1988, S. 10.

gen wie Deutschlands 17. Juni bis zu fast selbstverständlichen wie dem 1. August in der Schweiz[23], von neu geschaffenen (wie dem Martin-Luther-King-Tag in den USA) bis zu gestrichenen (wie in Italien)[24].

Die Studie will *beide* Themen, „Sonn"- und Feiertage, behandeln. Beide Themen gehören trotz aller Unterschiede (der *allgemeine* Sonntag, *„spezielle"* Feiertage) in der Tiefe zusammen: ausgewiesen bereits durch die rechtliche Doppelgarantie in Art. 140 GG/139 WRV, durch andere juristische Anbindungen des Feiertags- an das Sonntagsrecht im einfachen Recht; vor allem aber ist es dieselbe Methode, die beide Themen „testfallartig" zusammenführt: der Ansatz einer als juristische Text- und Kulturwissenschaft gewagten Verfassungslehre[25]. Er grundiert die gekennzeichnete Kontroverse unserer offenen Gesellschaft der Verfassungsinterpreten, bindet sie ein, öffnet sie aber auch der Aktualisierung im Für und Wider.

---

[23] Dazu *P. Häberle*, Feiertagsgarantien (oben Anm. 22), S. 40ff.
[24] Ebd. S. 11f., 14, 17 bzw. S. 37 Anm. 20a.
[25] Dazu *P. Häberle*, Verfassungslehre als Kulturwissenschaft, 1982; ders., „Wirtschaft" als Thema neuerer verfassungsstaatlicher Verfassungen, JURA 1987, S. 577 (578); ders., Das Menschenbild im Verfassungsstaat, 1988; ders., in: FS Partsch, 1989, i.E.

Erster Teil

Rechtsvergleichende Bestandsaufnahme

I. Verfassungsrechtliche Garantien des Sonn- und Feiertagsschutzes in Verfassungsstaaten bzw. westlichen Demokratien, im GG und in deutschen Bundesländern

Die Problembehandlung muß von den Verfassungs- und Gesetzestexten ausgehen, um von hier aus zur tieferen Erörterung des Sonntags bzw. der Feiertage, ggf. in einem gewandelten Umfeld durchzustoßen: i. S. einer sich als „juristische Text- und Kulturwissenschaft" begreifenden Verfassungs(rechts)lehre. Die folgende rechtsvergleichende Bestandsaufnahme (Erster Teil) und der spätere theoretische Zweite Teil stehen zwar in den Koordinaten des Typus „Verfassungsstaat", d.h. der westlichen Demokratien und ihrer offenen Gesellschaften. Doch liegt der Schwerpunkt auf dem *deutschen* Beispielsmaterial, zumal die deutschen Verfassungen von Bund und Ländern Sonn- und Feiertage in eine besonders prägnante juristische Form gegossen haben. Dabei seien die Sonntags- und Feiertagsregelungen soweit möglich gemeinsam dargestellt, auf Verfassungs- wie auf Gesetzesebene; streckenweise wird aber ihre gesonderte Behandlung unumgänglich. Durchweg ist die *typologische* Aufschlüsselung des Materials das Wesentliche[26], die Detailarbeit muß zurückstehen[27]. Rechtspolitischen Fragen gilt der Dritte Teil.

---

[26] Ein Blick in den neuen *Codex Iuris Canonici* (1983): in Buch IV findet sich ein eigenes Kapitel über „Feiertage" (Can. 1246 bis 1248). Can. 1246 § 1 S. 1 lautet: „Der Sonntag, an dem das österliche Geheimnis gefeiert wird, ist aus apostolischer Tradition in der ganzen Kirche als der gebotene ursprüngliche Feiertag zu halten."
– Can. 1247 normiert: „Am Sonntag und an den anderen gebotenen Feiertagen sind die Gläubigen zur Teilnahme an der Meßfeier verpflichtet; sie haben sich darüber hinaus jener Werke und Tätigkeiten zu enthalten, die den Gottesdienst, die dem Sonntag eigene Freude oder die Geist und Körper geschuldete Erholung hindern" (zit. nach *Codex Iuris Canonici*, Lateinisch-deutsche Ausgabe, 2. Aufl. 1984).

[27] Mitunter fällt ein bestimmtes jährlich wiederkehrendes *Fest* auf einen *Sonntag*, so das *Erntedankfest* auf den ersten Sonntag im Oktober, symptomatisch:

1. Sonntagsgarantien auf Verfassungsebene

Repräsentativer „Leit-Artikel" für die verfassungsrechtliche Sonntagsgarantie ist Art. 139 WRV, kraft Art. 140 GG auch Bestandteil des GG. Er lautet: „Der Sonntag und die staatlich anerkannten Feiertage bleiben als Tage der Arbeitsruhe und der seelischen Erhebung gesetzlich geschützt." Die deutschen Länderverfassungen[28] nach 1945, von dieser, historisch wie im Rechtsvergleich bahnbrechenden Pionierleistung des Art. 139 WRV beeindruckt, orientieren sich an diesem Vorbild mit gewissen Varianten. So lautet etwa Art. 147 Verf. Bayern (1946) im Abschnitt „Religion und Religionsgemeinschaften": „Die Sonntage und staatlich anerkannten Feiertage bleiben als Tage der seelischen Erhebung und der Arbeitsruhe gesetzlich geschützt". Verf. Hessen (1946) bestimmt im Abschnitt „Soziale und wirtschaftliche Rechte und Pflichten", aus welcher Systematik schon eine variierende Akzentsetzung erkennbar wird, als Art. 31 S. 2 und 3: „Sonntage und gesetzliche Feiertage sind arbeitsfrei. Ausnahmen können durch Gesetz oder Gesamtvereinbarung zugelassen werden, wenn sie der Allgemeinheit dienen." Bremen (1947) geht systematisch und inhaltlich ähnlich vor[29]. Art. 22 Abs. 1 Verf. Berlin (1950) fügt wieder das Leitziel der „Arbeitsruhe" hinzu, während die Verf. NRW (1950) ihren Sonn- und Feiertagsartikel 25 besonders anreichert: „Der Sonntag und die staatlich anerkannten Feiertage werden als Tage der Gottesverehrung, der seelischen Erhebung, der körperlichen Erholung und der Arbeitsruhe anerkannt und gesetzlich geschützt." (Systematisch im Abschnitt: „Arbeit, Wirtschaft, Umwelt"[30].) Art. 57 Abs. 1 Verf. Rheinland-Pfalz (1947) normiert den im *gemeindeutschen Sonntagsverfassungsrecht* unverzichtbaren Ausnahmevorbehalt:

FAZ vom 1.10.1988, S. 13: „Die Bauern nutzen das Erntedankfest zur Sympathiewerbung", „Das Dankgefühl droht zu schwinden", „Zahlreiche Veranstaltungen im ganzen Bundesgebiet".

[28] Zit. nach C. *Pestalozza* (Hrsg.), Verfassungen der deutschen Bundesländer, 3. Aufl. 1988.

[29] Im Abschnitt „Arbeit und Wirtschaft", Art. 55 Abs. 3 und 4: „Alle Sonn- und gesetzlichen Feiertage sind arbeitsfrei. – Ausnahmen können durch Gesetz oder Gesamtvereinbarungen zugelassen werden, wenn die Art der Arbeit oder das Gemeinwohl es erfordern."

[30] Art. 41 Verf. Saar: „Der Sonntag und die staatlich anerkannten kirchlichen Feiertage sind als Tage der religiösen Erbauung und Arbeitsruhe gesetzlich geschützt" (im Abschnitt „Kirchen und Religionsgemeinschaften"). – Ähnlich Art. 47 Verf. Rheinland-Pfalz (1947).

I. Verfassungsrechtliche Garantien des Sonn- und Feiertagsschutzes 17

Auf den Satz (2) „Sonntage und gesetzliche Feiertage sind arbeitsfrei" folgt die Klausel: „Ausnahmen sind zugelassen, wenn es das Gemeinwohl erfordert." Wo eine solche Ausnahme verfassungstextlich nicht geschrieben ist, wird sie ungeschrieben hinzugedacht und im einfachen Recht praktiziert[31]. Die jüngste Landesverfassung, die baden-württembergische von 1953, zieht die Sonn- und Feiertagsgarantie sogar systematisch ganz nach vorn in den Abschnitt „Mensch und Staat". Aber auch sie normiert nur Teilaspekte der Gesamtproblematik: Art. 3 Abs. 1: „Die Sonntage und die staatlich anerkannten Feiertage stehen als Tage der Arbeitsruhe und der Erhebung unter Rechtsschutz. Die staatlich anerkannten Feiertage werden durch Gesetz bestimmt. Hierbei ist die christliche Überlieferung zu wahren." Offenkundig fehlt der Ausnahmevorbehalt. Und wir erkennen, daß die wohl auf Sonntage *und* „anerkannte Feiertage" bezogene „christliche Überlieferung" gegenüber der fortschreitenden Säkularisierung auf dem Rückzug ist[32].

Der innerbundesdeutsche Verfassungsvergleich ergibt, daß GG und Länderverfassungen je einzelne wichtige Aspekte des Sonntagsverfassungsrechts regeln, aber keine Verfassung normiert textlich das gesamte konstitutionelle Sonntagsbild; es muß interpretatorisch gewonnen werden, in den Stichworten: Arbeitsruhe *und* seelische Erhebung, *(Verfassungs)Prinzip* Sonntag *und* begrenzte *(Gemeinwohl-)Ausnahmen*. Bei den oft an die Sonntagsgarantie angebundenen Feiertagen gibt es ebenfalls manche Varianten: etwa im Blick auf das Ob und Wie der Nennung einzelner Grundwerte wie Menschenwürde, Völkerverständigung, Arbeitsruhe sowie in der Plazierung oder beim 1. Mai, der bald schmucklos (wie in Art. 174 Abs. 2 Verf. Bayern), oft grundwertebezogen (vgl. Art. 25 Abs. 2 Verf. NRW) garantiert ist.

Ein weiteres Element des Sonntagsverfassungsrechts, der Satz „Der Wahltag muß ein Sonntag sein" (z.B. Art. 80 Abs. 3 Verf. Rheinland-Pfalz) steht nicht im GG (wohl aber in Art. 22 Abs. 1 S. 2 WRV), er findet sich in vielen Landesverfassungen[33], im Bundesrecht aber nur als einfa-

---

[31] Dazu unten bei und in Anm. 69, 76, 82 ff.
[32] Grdl. zu Art. 3 Verf. BW die Kommentierung von *A. Hollerbach,* in: P. Feuchte (Hrsg.), Verfassung des Landes Baden-Württemberg, 1986.
[33] Vgl. Art. 80 Abs. 3 Verf. Rheinland-Pfalz (1947, zit. nach C. Pestalozza (Hrsg.), Verfassungen der deutschen Bundesländer, 3. Aufl. 1988): „Der Wahltag muß ein Sonntag sein." Siehe auch Art. 26 Abs. 6 Verf. Baden-Württemberg (1953): „Der Wahl- oder Abstimmungstag muß ein Sonntag sein." Im Blick auf plebiszitäre Demokratieelemente in einigen Landesverfassungen ist diese Ausdehnung auf

ches Gesetz in § 16 BWG[34]. Gleichwohl darf er zur „Verfassungskultur" – als Teil der „Sonntagskultur" – gerechnet werden, auch wenn er nicht

---

Abstimmungen konsequent. Einige Landesverfassungen sehen nicht nur den Sonntag, sondern auch die Feiertage als Tag für Wahlen oder Abstimmungen vor: so Art. 31 Abs. 3 Verf. NRW (1950): „Die Wahl findet an einem Sonntag oder an einem gesetzlichen Feiertag statt." Art. 68 Abs. 5 ebd. normiert dies über einen Verweis auch für Abstimmungen; siehe auch Art. 69 Abs. 3 bzw. 75 Abs. 5 Verf. Bremen (1947). – Art. 6 Abs. 3 Verf. Hamburg (1952) bestimmt: „Der Wahltag muß ein Sonntag oder öffentlicher Feiertag sein." Art. 14 Abs. 3 Verf. Bayern (1946) formuliert: „Die Wahl findet an einem Sonntag oder öffentlichen Ruhetag statt." Daß ausgerechnet Bayern in seiner Verfassungsurkunde „vergißt", auch Abstimmungen auf Sonn- und Feiertage zu legen, ist im Blick auf seine Plebiszite (Volksbegehren und Volksentscheid nach Art. 74 BV) bedauerlich (Art. 74 Abs. 6 will sie „gewöhnlich" auf Frühjahr oder Herbst legen). Denn die Sache „Abstimmungen" ist als verfassungsstaatlicher Integrationsvorgang der Bürgerdemokratie so wichtig wie die „Wahlen". Mit Recht beziehen einige Landesverfassungen die Feiertage als Termin für Wahlen (und Abstimmungen) ein. Sie sind ebenso geeignet wie die Sonntage: sowohl aus sozialpolitischen Gründen (Teilnahmemöglichkeit der Arbeitnehmer) als auch wegen der kulturellen Angebotsstruktur des Feiertages.

[34] Zur geschichtlichen Entwicklung des Satzes vom Sonntag als Wahltag: Das „Wahlgesetz für den Deutschen Reichstag" vom 31. Mai 1869 bestimmte in seinem § 14: „Die allgemeinen Wahlen sind im ganzen Bundesgebiet an dem von dem Bundespräsidenten bestimmten Tage vorzunehmen." (zit. aus: *Paul Fischer*, mit Erläuterungen hrsgg., Wahlgesetz für den Deutschen Reichstag vom 31. Mai 1869 nebst Reglement zur Ausführung des Wahlgesetzes vom 28. Mai 1870 und ergänzenden Bestimmungen, Dresden 1903). *Paul Fischer* kommentiert dazu (S. 39): „Ein Antrag der Abgg. Dr. Schweitzer, Hasenclever und Fritzsche, hinter den Worten ‚bestimmten Tage' die Worte ‚welcher ein Sonntag sein muß', einzufügen, um den Arbeitern die Möglichkeit zu wählen zu erleichtern, wurde im Hinblick auf die zu erwartende lange Dauer der Wahlhandlung (Reglement zur Ausführung des Wahlgesetzes für den Deutschen Reichstag vom 31. Mai 1869. Vom 28. Mai 1870, § 9 „Die Wahlhandlung beginnt um 10 Uhr vormittags und wird um 6 Uhr nachmittags geschlossen") abgelehnt. – Die *Bismarck-Verfassung* bestimmte in Art. 20 Abs. 1 lediglich: „Der Reichstag geht aus allgemeinen und direkten Wahlen mit geheimer Abstimmung hervor." Zum Wahltag war nichts ausgesagt. – Erst die „Verfassung des Deutschen Reichs" vom 11. August 1919 bestimmte in Art. 22 Abs. 1 S. 2: „Der Wahltag muß ein Sonntag oder öffentlicher Ruhetag sein." Dazu G. *Anschütz*, Die Verfassung des Deutschen Reichs, unveränd. Nachdr. der 14. Aufl. 1933, 1960, S. 187 (Anm. 2 zu Art. 22): „Öffentliche Ruhetage im Sinne dieser Vorschrift sind die als solche (im ganzen Reich, nicht bloß in einzelnen Ländern oder Landesteilen) geltenden kirchlichen Feiertage, soweit sie bisher staatlich anerkannt waren und dies infolgedessen (vgl. Art. 139) bleiben, – ferner die durch Reichsgesetz als solche bezeichneten weltlichen Feiertage, wie etwa jener „Feiertag, der dem Gedanken des Weltfriedens, des Völkerbundes und des internationalen Arbeiterschutzes geweiht ist" und der 1919 am 1. Mai gefeiert wurde ... Der Vorschrift des Abs. 1 S. 2 kann selbstverständlich auch dadurch genügt werden, daß der Wahltag durch ein ad hoc erlassenes Reichsgesetz zu einem Ruhetag erklärt wird". – Die *WRV* bestimmte in Art. 22 Abs. 2: „Das Nähere

I. Verfassungsrechtliche Garantien des Sonn- und Feiertagsschutzes 19

formal Bundesverfassungsrecht ist. Das weist freilich schon auf die späteren kulturwissenschaftlichen bzw. verfassungstheoretischen Teile dieser Studie hin.

Blicken wir in *ausländische* Verfassungen, so erweisen sich nur manche Schweizer Kantonsverfassungen für Sonntagsgarantien ergiebig[35]. Doch sind sie mit dem Reichtum der deutschen Artikel nicht zu vergleichen.

In einigen neuesten Verfassungen des Auslands kommt der *Sonntag* zwar nicht in Gestalt der deutschen Tradition seit Art. 139 WRV vor, doch ist er *mittelbar* im Zusammenhang mit bestimmten Wahlen doch Teil der geschriebenen Verfassung geworden. So lautet Art. 133 Verf. Costa Rica von 1949[36]: „Die Wahl des Präsidenten und des stellvertretenden Präsidenten findet am 1. Sonntag im Februar des Jahres statt, in dem

---

bestimmt das Reichswahlgesetz." Dieses ist am 27. 4. 1920 ergangen (RGBl. I S. 627). § 6 lautet: „Der Reichspräsident bestimmt den Tag der Hauptwahl (Wahltag)". § 6 ReichswahlG dürfte der unmittelbare „Vorläufer" des heutigen § 16 BWG sein, nur daß der Sonntag als Wahltag damals in der Verfassung festgelegt war, während er heute im BWG bestimmt ist. – Siehe noch unten Anm. 192.

[35] Nachweise in P. *Häberle*, Feiertagsgarantien als kulturelle Identitätselemente des Verfassungsstaates, 1987, S. 24 (26 in Anm. 38 am Ende). – *Schweizer* Kantonsverfassungen kennen vereinzelt Bestimmungen des Sonntagsschutzes: vgl. Art. 82 Staatsverfassung Bern (1893): „Der Staat anerkennt den Grundsatz der Sonntagsruhe und trifft schützende Bestimmungen gegen gesundheitsschädliche Arbeitsüberlastung." – Art. 44 Verf. Uri (1888): „Der Staat sorgt für das öffentliche Wohl, die gedeihliche Fortentwicklung des Kantons und die Wohlfahrt seiner Bürger. Er strebt diese Ziele insbesondere an durch: a. Aufrechthaltung der Heiligung und Ruhe des Sonntags ..."; in der neuen Verf. Uri (1984) ist diese Bestimmung entfallen. – Vgl. weiter Art. 14 Verf. Unterwalden nid dem Wald (1913): „Der Staat schützt die Sonn- und Feiertagsruhe." Eine solche Schutzbestimmung kennt die neue Verfassung von 1965 nicht mehr. – Art. 33 Verf. Appenzell A. Rh. (1908): „Die Sonntage sowie die vom Kantonsrate als staatlich anerkannten Feiertage sind als öffentliche Ruhetage gewährleistet." – Art. 13 Verf. St. Gallen (1890): „Der Sonntag, sowie die gemeinsamen Feiertage sind als öffentliche Ruhetage gewährleistet." – Art. 84 Staats-Verf. Aargau (1885): „Der Staat anerkennt den Grundsatz der Sonntagsruhe und trifft insbesondere schützende Bestimmungen gegen die gesundheitsschädliche Arbeitsüberlastung." In der neuen Verfassung (1980) fehlt eine solche Schutzvorschrift. – Die neue Verf. Unterwalden ob dem Wald (1968) bestimmt in Art. 9: „Die staatlich geschützten Feiertage werden nach Anhören der öffentlich-rechtlich anerkannten Kirchen durch den Kantonsrat festgesetzt." (Die älteren Verf. sind zit. nach Sammlung der Bundes- und Kantonsverfassungen, V Ausgabe 1937, hrsg. von der Bundeskanzlei; die neueren sind zit. nach JöR 34 (1985), S. 424 ff., außer den neuen Verfassungen Unterwalden nid dem Wald (1965) und Unterwalden ob dem Wald (1968); diese sind zit. nach Syst.Slg. des Bundesrechts, Bern, Stand: 1. Juli 1987.)

[36] Zit. nach JöR 35 (1986), S. 481 ff.

die Wiederbesetzung dieser Ämter durchgeführt werden muß." Auch Art. 184 Verf. Guatemala von 1985[37] spricht in ähnlicher Weise vom Sonntag[38].

Die herausgehobene Wahl des Staatspräsidenten wird so schon von der Verfassung als Element der Sonntagskultur gekennzeichnet. Der politische Integrationswert liegt auf der Hand[39].

*2. Feiertagsgarantien
in Verfassungsstaaten bzw. westlichen Demokratien,
im GG und in den deutschen Bundesländern*

Die vergleichende Bestandsaufnahme in Sachen Feiertage sei von *zwei* Seiten aus unternommen: durch einen Blick auf aktuelles Feiertags-Zeitgeschehen und durch eine systematisierende Einteilung der aus- und inländischen Beispiele für Feiertage.

Betrachten wir das *Zeitgeschehen* weltweit für einen Zeitraum von kaum einem Jahr unter dem Aspekt „Feiertage", so fällt die Häufigkeit, Vielfalt und Bedeutsamkeit solcher Tage in vielen Nationen bzw. Ländern auf, aber auch eine gewisse Typik der Anlässe, Inhalte und Bezugswerte. Schon diese Stichprobe läßt vermuten, daß Feiertage für den Menschen ebenso wichtig sind wie für die Nationen, Völker und Verfassungsstaaten: sie bilden eine kulturanthropologische Konstante, bei allen Varianten, und sie verknüpfen den in Staat und Nation bzw. Verfassungsstaat vergemeinschafteten Menschen mit diesem „Kollektiv" auf ganz spezifische Weise.

So feiert Südafrika, genauer die Weißen in Südafrika, den Gründertag im April zum Gedenken an die Ankunft *Jan van Riebeecks* am Kap im

---

[37] Zit. nach JöR 36 (1987), S. 555 ff.

[38] Abs. 2 ebd.: „Wenn der absolute Wahlgang keinem der Kandidaten die absolute Mehrheit bringt, findet in einem Zeitraum von nicht mehr als sechzig und nicht weniger als fünfundvierzig Tagen, gezählt vom ersten Tag und einem Sonntag, zwischen den Kandidaten eine Stichwahl statt."

[39] Siehe noch § 35 Abs. 1 Verf. Dänemark von 1953 (zit. nach: Die Verfassungen der EG-Mitgliedstaaten, 1987): „Ein neugewähltes Folketing tritt, sofern es der König nicht vor diesem Zeitpunkt einberufen hat, um 12 Uhr am zwölften Werktag nach dem Tage der Wahl zusammen." Damit wird der Sonntag implizite vorausgesetzt, die Parlamentsarbeit aber nicht am Sonntag, sondern am Werktag aufgenommen.

I. Verfassungsrechtliche Garantien des Sonn- und Feiertagsschutzes 21

Jahre 1652[40] – heute freilich durch den inoffiziellen „Soweto-Tag" der Schwarzen am 16. Juni konterkariert[41], und ein Gegenstück finden wir in dem Boykott der schwarzen Urbevölkerung gegen die Feierlichkeiten zum 200jährigen Jubiläum der europäischen Besiedlung Australiens 1988[42]. So machte die „Angst Ost-Berlins vor dem 1. Mai 1988" Schlagzeilen in der Weltpresse[43], während im Erzbistum Köln der 1. Mai – wie mir scheint konsequent – auf Wunsch des Diözesanrats der Katholiken auch zum „Tag der Arbeitslosen" werden sollte[44]. Im März 1988 kam es in Budapest zu einer nicht genehmigten Kundgebung zum 140. Jahrestag der Revolution von 1848[45], im Grunde eine Demonstration für den Verfassungsstaat im historischen Gewand! Aus dem heutigen Ostblock kommen immer wieder Nachrichten, die zeigen, wie inoffiziell gefeierte Jahrestage zum Ventil für bestimmte nationale Ziele oder freiheitliche Verfassungswerte werden: So wurde im Februar 1988 eine Kundgebung zum Jahrestag der Unabhängigkeit Estlands in Reval verboten[46], am 16. Februar 1988, dem litauischen Unabhängigkeitstag, gab es Demonstrationen in Wilna[47]. Und am Jahrestag der Unabhängigkeit Lettlands 1918 ist es im November 1987 ebenfalls zu Demonstrationen gekommen[48]. Jüngstes Beispiel ist die Demonstration am 21. August 1988, die zum 20. Jahrestag der sowjetischen Invasion in der ČSSR in Prag stattfand: mit Parolen wie „Gesetz, Freiheit, Wahrheit"[49]. Sollte es den baltischen Staa-

---

[40] FAZ vom 8.4.1988, S. 10.

[41] Dazu für den 16. Juni 1988: FAZ vom 18.6.1988, S. 5, einem „inoffiziellen Feiertag der Schwarzen, der von zahlreichen Unternehmen, nicht aber von der Regierung anerkannt ist". Siehe auch NZZ vom 17.6.1988, S. 3: „Landesweite Mahnstreiks" (Gedenktag für die Soweto-Opfer).

[42] FAZ vom 4.1.1988, S. 4: „Die Aborigines erklärten das Jahr 1988 zu einem Jahr der Trauer." Siehe auch FAZ Beilage Bilder und Zeiten vom 23.1.1988: „Umstrittene Zweihundert-Jahr-Feier in Australien, Trauer bei den Ureinwohnern."

[43] NZZ vom 23.4.1988, S. 3; siehe auch FAZ vom 19.4.1988, S. 4: „Der 1. Mai macht die DDR-Behörden nervös."

[44] FAZ vom 30.3.1988, S. 4.

[45] FAZ vom 17.3.1988, S. 1.

[46] FAZ vom 25.1.1988, S. 1.

[47] FAZ vom 26.2.1988, S. 1. – Siehe auch FAZ vom 18.2.1988, S. 6: „100 000 demonstrieren in Litauen, Bittgottesdienste zum Tage der Unabhängigkeit."

[48] FAZ vom 20.11.1987, S. 3.

[49] FAZ vom 23.8.1988, S. 3. Zuletzt zum Jahrestag der Staatsgründung der Tschechoslowakei (28.10.1918): FAZ v. 1.11.1988, S. 3: „Eine belagerte Stadt am ‚Nationalfeiertag'", Polens (11.11.1918): FAZ v. 14.11.1988 (Demonstration).

ten im Gefolge der *Gorbatschow*-Reformen gelingen, mehr verfassungsstaatliche Elemente zu erreichen, so wären diese inoffiziellen Feiertage im *Rückblick* einst das, was 1832 das Hambacher Fest für Deutschland war bzw. wurde[50].

Ein Wort zur *Bundesrepublik*. Das Dilemma des 17. Juni ist bekannt, wenngleich nicht recht verständlich. Aller Ehren wert ist die „Aktion 18. März Nationalfeiertag in beiden deutschen Staaten" (in Erinnerung an 1848), die unter der Schirmherrschaft von *I. Drewitz* und *H. Albertz* bei gleichzeitiger Abschaffung des 17. Juni gefordert wurde[51]. Man wird gespannt sein dürfen, ob und wie wir 1989 die Jubiläumsfeiern[52] gestalten werden: zum 40. Jahrestag der Bundesrepublik, die schon im Vorfeld umstritten sind[53]. Ob wir in der Lage sind, unseren freiheitlichen Verfassungsstaat im Kreis mit allen Bürgern angemessen zu feiern – er hätte es verdient! –, darf bezweifelt werden[54].

Die große Vielfalt der erwähnten Feiertage erscheint zunächst verwirrend. Im *systematisierenden* Zugriff werden jedoch „Einteilungen" möglich[55]:

---

[50] Dazu *E. R. Huber*, Deutsche Verfassungsgeschichte seit 1789, Bd. II (1960), S. 134f. – Eine zeitgenössische Parallele ist zuletzt das „Fest der Demokratie und der Versöhnung", das in Santiago de Chile im Blick auf die Niederlage General *Pinochets* im Präsidialplebiszit mit einem riesigen Volksfest gefeiert wurde (NZZ vom 11.10.1988, S. 2).

[51] Vgl. die Anzeige in der FR von 16. Juni 1988, S. 4.

[52] Eine Bestandsaufnahme der *Jubiläums*wirklichkeit wäre ebenso ergiebig wie die der *Feiertags*wirklichkeit. Sie spiegelt sich in allen Lebensbereichen und Staaten. Einige jüngste Beispiele als Beleg der Vielfalt der Jubiläen: „50 Jahre Sportförderung durch Sport-Toto Gelder in der Schweiz" (NZZ vom 14.10.1988, S. 22); „Jubiläumsparteitag der SPS – 100jähriges Bestehen der Sozialdemokratie in der Schweiz" am 7.10.1988 (NZZ vom 11.10.1988, S. 19 und 21). Festakt zum 40jährigen Bestehen des Deutsch-Französischen Instituts in Ludwigsburg am 6.10.1988 mit einer Rede des Bundespräsidenten *v. Weizsäcker* (FAZ vom 7.10.1988, S. 4). Mitunter wird ein *ausgefallenes* Jubiläum angemahnt: so in NZZ vom 13.10.1988, S. 25 in bezug auf Hundert Jahre Wiener Burgtheater: „Jubiläum ohne Feier."

[53] FAZ vom 20.5.1988, S. 5: „Vorbehalte der FDP zur Vierzigjahrfeier."

[54] Vgl. auch den symptomatischen Streit um die staatsrechtlichen Anforderungen an die Nationalhymne: *K. Hümmerich / K. Beucher*, Keine Hymne ohne Gesetz, NJW 1987, S. 3227 ff.; *M. Hellenthal*, Kein Gesetzesvorbehalt für Nationalhymne, NJW 1988, S. 1294 ff. – Siehe noch *G. Knopp / E. Kuhn*, Das Lied der Deutschen – Schicksal einer Hymne, 1988; *G. Spendel*, JZ 1988, S. 744 ff.

[55] Zum folgenden *P. Häberle*, Feiertagsgarantien als kulturelle Identitätselemente des Verfassungsstaates, 1987, S. 11 ff.

I. Verfassungsrechtliche Garantien des Sonn- und Feiertagsschutzes 23

(1) Unter dem Aspekt der *Zeitdimension*, der *Vergangenheits-* und *Zukunftsorientierung*: Beispiele für diese Kategorie von Feiertagen sind Staatsgründungstage wie der 1. August (1291) in der Schweiz oder Daten, die an revolutionäre Vorgänge als Beginn des jeweiligen nationalen Verfassungsstaates erinnern, z. B. der 4. Juli (1776) in den USA oder der 14. Juli (1789) in Frankreich. Eine Zukunftsdimension hat jedenfalls auch der deutsche 17. Juni. Norwegen ist so glücklich, seinen 17. Mai sowohl als *National*feiertag als auch als *Verfassungstag* begehen zu können.

(2) Feiertagsgarantien als Ausdruck der – geschichtlich geglückten – *Integrierung von Bevölkerungsteilen* in den Verfassungsstaat: Das klassische Beispiel für diese Kategorie bildet der 1. Mai – Zeichen der Versöhnung der Arbeiterschaft mit dem Verfassungsstaat (besonders in Deutschland). Repräsentativ wirkt hier Art. 32 Verf. Hessen (1946): „Der 1. Mai ist gesetzlicher Feiertag aller arbeitenden Menschen. Er versinnbildlicht das Bekenntnis zur sozialen Gerechtigkeit, zu Fortschritt, Frieden und Völkerverständigung."

Die Integrationskraft des großen Verfassungsstaates USA zeigt sich einmal mehr in dem 1986 geschaffenen *Martin-Luther-King*-Tag: er ist symbolischer Abschluß eines langen Kampfes der Amerikanischen Bürgerrechtsbewegung um Gleichstellung und Integrierung der „Farbigen" und gewiß Aufforderung, die etwa noch vorhandene gesellschaftliche Rassendiskriminierung abzubauen.

(3) Die *Persönlichkeits-* oder *Sachorientierung* ist ein weiteres Einteilungskriterium, man denke an den erwähnten *Martin-Luther-King*-Tag einerseits oder an den 25. 4. 1974 in Portugal, den Tag der Freiheit andererseits, jenes Portugals, das in seinen vier Feiertagen eine eindrucksvolle „Quersumme" seiner Kultur-, National- und Verfassungsgeschichte zieht (vom Todestag des Dichters *Camoens* am 10. 6. (1580) über die Vertreibung der Spanier am 1. 12. (1640) und den Sturz der Monarchie am 15. 10. (1910) bis zur „Nelkenrevolution").

(4) Man mag unterscheiden zwischen Feiertagen mit *spezifischem Bezug zum Typus Verfassungsstaat* (der 4. bzw. 14. Juli in den USA bzw. Frankreich) und *allgemein kulturgeschichtlich* bzw. religiös begründeten Feiertagen (Beispiele: Weihnachten und Ostern, eigentlich auch der Sonntag!).

(5) In der sachlichen Ausdeutung dürfte die *systematische Plazierung*[56] der Feiertagsgarantien hilfreich sein. In den deutschen Verfassungen variiert sie zwischen den Abschnitten „Staat und Religionsgemeinschaften" (z.B. Art. 139 WRV, Art. 41 Verf. Saar) und dem Abschnitt „Arbeit und Wirtschaft" (z.B. Art. 25 Verf. NRW, Art. 31 und 32 Verf. Hessen, Art. 55 Verf. Bremen), das heißt zwischen dem *Staatskirchenrecht* (besser „Religionsverfassungsrecht") und dem *Arbeitsverfassungsrecht*[57]; auch darin werden die *beiden* Dimensionen der Sonn- und Feiertagsgarantien greifbar. Baden-Württemberg hat seine Sonn- und Feiertagsgarantie freilich sogar in den Grundlagenteil „Mensch und Staat" vorgezogen (als Art. 3 der Verf. von 1953).

II. Der deutsche Sonn- und Feiertagsschutz im Spiegel des einfachen Rechts, insbesondere die Erfüllung des verfassungsstaatlichen Schutzauftrages

Die verfassungshohen Sonn- und Feiertagsgarantien blieben platonisch, würden sie nicht im *einfachen Gesetzesrecht* eingelöst[57a], „zu

---

[56] Die einzelnen Nachkriegsverfassungen der deutschen Länder unterscheiden sich bei der *systematischen* Plazierung der Sonn- und Feiertagsgarantien. Verf. Württemberg-Baden (1946), zit. nach *B. Dennewitz* (Hrsg.), Die Verfassungen der modernen Staaten, 2. Band 1948, plaziert die Sonn- und Feiertagsgarantie einheitlich im Teil „Sozial- und Wirtschaftsordnung" (Art. 21 Abs. 1: „Die Sonntage und die staatlich anerkannten Feiertage stehen als Tage der Ruhe unter gesetzlichem Schutz." Abs. 2: „Der 1. Mai ist gesetzlicher Feiertag als Bekenntnis zu Fortschritt, Frieden, Freiheit und Völkerverständigung". – Ähnlich geht Art. 91 Abs. 1 und 2 Verf. Württemberg-Hohenzollern (1947) vor (zit. ebd.)). – Verf. Baden (1947) arbeitet differenziert: Im Abschnitt „Kirchen und Religionsgemeinschaften" normiert sie in Art. 36: „Der Schutz der Sonntage und der staatlich anerkannten Feiertage wird gewährleistet." Speziell der 1. Mai wird im Rahmen des Abschnitts „Arbeit und Wirtschaft" garantiert („Der 1. Mai ist staatlich anerkannter Feiertag, der dem Bekenntnis zu sozialer Gerechtigkeit, zu Fortschritt, Frieden, Freiheit und Völkerversöhnung gewidmet ist."). – Verf. Bayern (1946) formuliert im Abschnitt „Religion und Religionsgemeinschaften" in Art. 147: „Die Sonntage und staatlich anerkannten Feiertage bleiben als Tage der seelischen Erhebung und der Arbeitsruhe gesetzlich geschützt." In Art. 174 („Urlaubsrecht") heißt es in Absatz 2 (im Rahmen des Abschnitts „Die Arbeit") schmucklos: „Der 1. Mai ist gesetzlicher Feiertag."

[57] Vereinzelt gibt es sogar ein Sowohl-als-Auch, vgl. Art. 47 Verf. Bayern bzw. Art. 174 Abs. 2 ebd. (1. Mai), Art. 47 bzw. 57 Verf. Rheinland-Pfalz.

[57a] Auf die „vielschichtige Güterabwägung" beim – auch mit anderen Verfassungsgütern zum *Ausgleich* gebrachten – gesetzgeberischen Schutz der kirchlichen Feiertage weist BayVerfGH NJW 1982, S. 2656 (2657) hin. Genannt sind

Ende" gedacht, in die Praxis umgesetzt und so „erfüllt". Hier sei die Problembehandlung vollends auf das deutsche Recht verengt. In der Auslegung des einfachen Rechts entstehen ja die heute so umstrittenen Fälle, und auch die Rechtspolitik will allenfalls hier Änderungen i.S. etwaiger Ausweitungen der Ausnahmetatbestände. Eine Änderung des Sonn- und Feiertagsrechts auf *Verfassungs*ebene hat, soweit ersichtlich, bei uns bisher niemand vorgeschlagen. Wohl aber stellt die Praxis der Anwendung des einfachen Sonn- und Feiertagsrechts genug (Alltags)Probleme und sie zwingt dann doch wieder dazu, auf die Verfassungsebene zurückzukehren und ihren *kulturellen Hintergrund* auszuleuchten. Die Frage, welche „Zweckbestimmung" die Sonntags- (und Feiertags-)Garantie hat, wann die Lockerung der Ausnahmetatbestände den Grundsatz der Sonntagsruhe als solchen gefährden würde, was „werktäglicher" Charakter, was „sonntäglicher" trotz wachsender Freizeitindustrie ist, welche Grundwerte in Frage stehen – all dies läßt sich zwar von den positiven Rechtstexten[58] als Basis erarbeiten, doch letztlich erst im Raster ihrer kulturellen Kontexte ganz erschließen.

1. In Gestalt der Sonn- und Feiertagsgesetze der Länder

Im Vordergrund steht der (verfassungs)*staatliche Schutzauftrag* in bezug auf Sonn- und Feiertagsgarantien. Schon der Wortlaut mancher Verfassungsartikel gibt Hinweise auf ihre Ausgestaltungsfähigkeit und -bedürftigkeit. So heißt es in Art. 3 Abs. 1 Verf. Baden-Württemberg: „Die Sonntage und die staatlich anerkannten Feiertage stehen als Tage der Arbeitsruhe und der Erhebung *unter Rechtsschutz.*" Ähnliche Schutzklauseln finden sich – nach dem Vorbild von Art. 139 WRV – in Art. 147 Verf. Bayern („gesetzlich geschützt"), Art. 25 Abs. 1 Verf. NRW („anerkannt und gesetzlich geschützt"), Art. 47 Verf. Rheinland-Pfalz

---

gegenüber dem Anliegen der Kirchen: das „gewichtige und ernst zu nehmende Interesse der Wirtschaft..., die Zahl der arbeitsfreien Werktage und die Verpflichtung zur Lohnfortzahlung an diesen Tagen in angemessenen Grenzen zu halten", die „Gewährleistung der Grundversorgung, Verkehrsprobleme, der Vermeidung allzu vieler arbeitsfreier Werktage in den Behörden oder schulfreier Tage, die Rücksichtnahme auf bestehende Verflechtungen Bayerns in der Bundesrepublik und im europäischen Raum".

[58] Eine Übersicht über die Rechtslage in der Weimarer Zeit gibt *O. Naß,* Das Recht der Feiertagsheiligung, 1929, S. 4ff., 35ff. unter den bezeichnenden Stichworten: das Arbeits-, Versammlungs-, Aufführungs-, Lustbarkeits-, Jagdverbot, Vorabendverbote etc.

(„gesetzlich geschützt"; ebenso Art. 41 Verf. Saar). Es handelt sich um typische *Ausgestaltungsvorbehalte*, wie sie aus der Grundrechtsdogmatik bekannt sind[59]. Erst dank der ausgestaltenden Tätigkeit des Gesetzgebers und – sie konkretisierend – der Verwaltung und des Richters werden Sonn- und Feiertage im sozialen Leben im ganzen effektiv, werden sie als „Grundsätze" real, werden sie gesellschaftliche Wirklichkeit. So zentral in offenen Gesellschaften das Individuum und *sein* Verständnis von Sonn- und Feiertagen für diese ist und bleibt, so unverzichtbar ist die Aktivität des Verfassungsstaates in Sachen Ausgestaltung. Das gilt zunächst für den *Sonntag*. Die kennzeichnenden Zusätze als „Tag der Arbeitsruhe und der (seelischen) Erhebung"[60] verlangen ja eine Konkretisierung und „soziale Erfüllung". Arbeitsruhe stellt sich nicht von selbst her, sie muß in einer „Arbeits-" und „Freizeitgesellschaft" *praktisch* durchgesetzt, mit Ge- und Verboten „bewehrt" werden, als ultima ratio sogar mit Straf- bzw. Ordnungswidrigkeitsvorschriften sanktioniert sein; selbst das Verfassungsziel „seelische Erhebung" bedarf einer gewissen gesetzgeberischen Ausgestaltung insofern als bestimmte *äußere Bedingungen* geschaffen werden müssen, damit Raum für sie bleibt (z. B. Ruhe um Gotteshäuser) bzw. *Möglichkeiten* eröffnet werden. Auch müssen einige der Aktivitäten benannt werden, die gerade Ausdruck „seelischer Erhebung" sind[61]!

Entsprechendes gilt für die soziale Umsetzung der einzelne Grundwerte „darstellenden" *Feiertage* wie den 1. Mai (treffend Art. 32 Verf. Hessen: „Er (sc. der 1. Mai) versinnbildlicht das Bekenntnis zu Fortschritt, Frieden, Freiheit und Völkerverständigung"). Zunächst gilt dies für ihre *Arbeitsruhe* (wie bei Sonntagen). Sie muß durchgesetzt werden. Der spezifische, ideelle Zuschnitt einzelner Feiertage bzw. die Art ihrer „seelischen Erhebung"[62] verlangt ebenfalls sonntagsähnliche äußere Bedingungen, vielleicht sogar zusätzlich Besonderes.

---

[59] Dazu *P. Häberle*, Die Wesensgehaltgarantie des Art. 19 Abs.2 GG, 3. Aufl., 1983, S. 140ff., 180ff., 340f.

[60] Z. B. Art. 139 WRV/140 GG; Art. 3 Verf. Baden-Württemberg; Art. 147 Verf. Bayern; siehe auch Art. 47 Verf. Rheinland-Pfalz: „religiöse Erbauung, seelische Erhebung und Arbeitsruhe", ebenso Art. 41 Verf. Saar. – *Ohne* solche Qualifikationen aber Art. 55 Abs. 3 Verf. Bremen: „Alle Sonn- und gesetzlichen Feiertage sind arbeitsfrei"; ebenso Art. 31 Verf. Hessen. Besonders werte- und bezugsreich: Art. 25 Abs. 1 Verf. NRW: „Der Sonntag und die staatlich anerkannten Feiertage werden als Tage der Gottesverehrung, der seelischen Erhebung, der körperlichen Erholung und der Arbeitsruhe ..."

[61] Dazu die Beispiele unten bei Anm. 71, 74.

II. Der deutsche Sonn- und Feiertagsschutz im einfachen Recht 27

Da Sonn- und Feiertage im Kontext der als *Ganzes* verstandenen Verfassung stehen[62], bedarf es überdies der *Abgrenzung* zu anderen kollidierenden Rechtsgütern (z.B. Art. 14, 12 GG) bzw. Gemeinwohlaspekten, was seinerseits Ausgestaltungen erfordert. Einige Verfassungen deuten die diesbezüglichen Aufgaben des Verfassungsstaates in geschriebenen „Ausnahmevorbehalten" an: Art. 55 Abs. 4 Verf. Bremen: „Ausnahmen (sc. von der Arbeitsfreiheit aller Sonn- und Feiertage) können durch Gesetz oder Gesamtvereinbarung zugelassen werden, wenn die Art der Arbeit oder das Gemeinwohl es erfordern"[64]. Diese Ausnahme-Gemeinwohltatbestände sind eine nicht nur bei Grundrechten bekannte allgemeine Figur unserer Rechtsordnung[65]. Sie erfordern – wie bei der GewO[66] – behutsame Konkretisierungsarbeit, damit die Ausnahme nicht zur Regel pervertiert, sondern diese „bestätigt". Freilich darf es nicht zum Mißverständnis kommen, das Gemeinwohl stehe nur auf der Seite einer etwaigen Ausnahme vom Prinzip des Sonn- und Feiertags als Tag der „Arbeitsruhe": Der *Grundsatz* selbst hat schon Gemeinwohlbezug! Der Sonn- und Feiertagsschutz verbindet, wie noch gezeigt wird, sogar eine Fülle von einzelnen Gemeinwohlaspekten individueller und kollektiver Ruhe (menschliches Miteinander, Raum für Familie, Religion, Freundschaft, Nachbarschaft, Versammlung und Verein, für das „Feiern" wollen als menschliches Urbedürfnis etc.). Es geht also darum, einen Ausgleich

---

[62] In der Tat variiert die „*Intensität des Feiertagsschutzes*" (Begriff in BayVerfGH NJW 1982, S. 2656 (2658)) je nach Art der Feiertage. Sie ist am stärksten beim Karfreitag. Zur strengeren Handhabung der Handlungsverbote an „stillen Feiertagen": *A. Mattner*, Sonntagsruhe..., NJW 1988, S. 2207 (2213).

[63] Eine *ganzheitliche* Sicht des Sonn- und Feiertagsproblems in BayVerfGH NJW 1982, S. 2656 (2659), insofern dieser auf das „Spannungsverhältnis" zwischen der „Institutsgarantie in Art. 47 BayVerf." und den „Programmsätzen in Art. 153 BayVerf." (Förderung der Klein- und Mittelstandsbetriebe) verweist.

[64] Siehe auch Art. 31 Verf. Hessen: „Ausnahmen können durch Gesetz oder Gesamtvereinbarung zugelassen werden, wenn sie der Allgemeinheit dienen." – Art. 57 Abs. 1 S. 2 Verf. Rheinland-Pfalz: „Ausnahmen sind zugelassen, wenn es das Gemeinwohl erfordert".

[65] Dazu *P. Häberle*, Öffentliches Interesse als juristisches Problem, 1970, S. 172 ff.

[66] Dazu unten sub 2. Das *Ladenschluß*recht hat auch in der *historischen* Entwicklung Ausstrahlungen auf das *Feiertags*recht, vgl. HessVGH, Rspr. der Hess. VerwGerichte 1986, S 4 (5): „Doch hat diese Veränderung aufgrund des Ladenschlußgesetzes gerade zu einem erweiterten Verständnis der Feiertagsruhe geführt, das jetzt für die Auslegung des § 6 Abs. 1 HFeiertagsG bestimmend ist." – Das wachsende ImSchR bzw. Umweltrecht strahlt unterstützend auch auf die Sonn- und Feiertagsruhe aus.

der *verschiedenen* Gemeinwohlaspekte herzustellen – eine im pluralistischen Gemeinwesen Tag für Tag anstehende Aufgabe!

Wo die Verfassungen wie etwa in Art. 139 WRV / Art. 140 GG keinen ausdrücklichen Ausnahmevorbehalt formulieren, ist er „gemeinrechtlich" *ungeschrieben* als „mitgedacht" anzusehen bzw. über die Lehre von den verfassungsimmanenten Begrenzungen aller Verfassungsprinzipien zu „konstruieren". Der Sonn- und Feiertagsschutz ist selbst ein solches „Verfassungsprinzip" und der Maxime der „praktischen Konkordanz" *(K. Hesse)*[67] zugänglich und bedürftig. Arbeitsruhe einerseits und „seelische Erhebung" bzw. die den einzelnen Feiertagen spezifisch zugeordneten Werte wie beim 1. Mai „soziale Gerechtigkeit", „Völkerversöhnung" andererseits sind keine absoluten, isolierten Verfassungswerte, sie stehen ihrerseits im Kontext der Gesamtverfassung und ihrer Gemeinwohldirektiven. Um damit ernst zu machen, bedarf es der – ausgestaltenden – Arbeit des Gesetzgebers, der Verwaltung und der Rechtsprechung.

Unsere Rechtsordnung hat diesen verfassungshohen Schutzauftrag in der Praxis bisher weithin eingelöst, maßgebliche detailreiche differenzierte Ausgestaltungsarbeit geleistet. Das sei im folgenden durch einen innerbundesdeutsch vergleichenden Blick auf die praktische Sonn- und Feiertagsgesetzgebung der Länder bewiesen. Dabei sind vor allem die Verfassungswerte und Rechtsgüter freizulegen, die „hinter" den oft zunächst recht technisch erscheinenden Regelungen stehen.

Die Sonn- und Feiertagsgesetze bekennen sich durchweg zu ihrem *Schutzauftrag*. Und sie erfüllen ihn auch[68]. Das FeiertagsG von Rhein-

---

[67] *K. Hesse*, Grundzüge des Verfassungsrechts der BR Deutschland, 16. Aufl. 1988, S. 27; siehe auch *Däubler*, (oben Anm. 9), S. 6. Vgl. ferner *A. Mattners* Lehre von der Abwägung bei „Kollisionslagen" und den differenzierten „Freigabestufen", in: Sonntagsruhe..., NJW 1988, S. 2207 (2208 ff.).

[68] Die praktische Gewährleistung und letztlich die Durchsetzung des in den Sonn- und Feiertagsgesetzen der Bundesländer festgeschriebenen Sonn- und Feiertagsschutzes zählt (auch) zu den Gegenständen des Allgemeinen Polizei- und Ordnungsrechts, vgl. hierzu etwa *Drews / Wacke / Vogel / Martens*, Gefahrenabwehr, 9. Aufl. 1986, S. 251 (Maßnahmen zum Zweck der Gefahrenprävention oder der Beseitigung von Störungen werden hier dem Schutz der öffentlichen Sicherheit zugeordnet). *Drews / Wacke / Vogel / Martens*, a.a.O., S. 251 Anm. 30 weisen insbesondere darauf hin, daß der durch Art. 140 GG i.V.m. Art. 139 WRV garantierte Schutz der Sonn- und der staatlich anerkannten Feiertage sich *inhaltlich nicht* auf die Gefahrenabwehr beschränkt; mitumfaßt sind Verbote von Tätigkeiten und Veranstaltungen, die der verfassungsrechtlich verbürgten Zweckbestimmung dieser Tage als Tage der Arbeitsruhe und der seelischen Erholung zuwider-

II. Der deutsche Sonn- und Feiertagsschutz im einfachen Recht 29

land-Pfalz vom 15. Juli 1970 (GVBl. S. 225) sagt in § 1 Abs. 1: „Die Sonntage, die gesetzlichen Feiertage und die kirchlichen Feiertage sind nach Maßgabe dieses Gesetzes geschützt." Sein § 5 regelt den „Schutz der Gottesdienste", § 9 den „Schutz der kirchlichen Feiertage". Das Gesetz über die Sonn- und Feiertage in Baden-Württemberg i.d.F. vom 28.11.1970 (GVBl. 1971 S. 1, zuletzt geändert in GVBl. 1983 S. 369) spricht in seinem Zweiten Abschnitt selbst von „Schutzbestimmungen" (§§ 5 bis 13), ebenso das Hessische Feiertagsgesetz i.d.F. vom 29.12.1971 (GVBl. I S. 344, §§ 5 bis 15). Auch die Feiertagsgesetze von NRW vom 22.2.1977 (GV NW S. 98) und von Niedersachsen vom 29.4.1969 (GVBl. S. 113) bedienen sich der gesetzlichen Maßgabe-Schutzklausel („Die Sonntage, die staatlich anerkannten und die kirchlichen Feiertage..." werden „nach Maßgabe dieses Gesetzes geschützt"). Bayern nennt sein Feiertagsgesetz vom 21. Mai 1980 (BayRS 1131-3-I) ausdrücklich: „Gesetz über den Schutz der Sonn- und Feiertage"[69]. Berlin hat auf der Basis seines Sonn- und Feiertagsgesetzes vom 28.10.1954 (GVBl. S. 615) eine „Feiertagsschutzverordnung" erlassen (am 29.11.1954). – Der Gesetzgeber bedient sich meist der *Grundsatz/Ausnahme-Technik*: so prägnant im FeiertagsG von Rheinland-Pfalz, § 3 Allgemeine Arbeitsverbote: „(1) Die Sonntage und die gesetzlichen Feiertage sind Tage allgemeiner Arbeitsruhe. (2) An Sonntagen und gesetzlichen Feiertagen sind alle öffentlich bemerkbaren Tätigkeiten verboten, die die äußere Ruhe beeinträchtigen oder dem Wesen des Sonn- und Feiertages widersprechen." In § 4 folgen *Ausnahmen* von den Arbeitsverboten: z.B. „unaufschiebbare Tätigkeiten im Haushalt und in der Landwirtschaft" oder „die Öffentlichkeit nicht störende, nicht gewerbsmäßige Tätigkeiten in Haus und Garten", andere Tätigkeiten, die das Gemeinwohl erfordert (z.B. Versorgungsbetriebe, Notstandsarbeiten), andere „unaufschiebbare Tätigkeiten", vgl. § 6 Abs. 3 Nr. 2 Bad.-Württ. FTG. Übereinstimmendes Merkmal und Element des gemeindeutschen Sonn- und Feiertagsrechts ist der *öffentlichkeits-*

---

laufen; siehe hierzu weiterhin BVerwG NJW 1982, S. 899f.; *R. Samper / H. Honnacker*, Polizeiaufgabengesetz, 13. Aufl. 1984, S. 30 erörtern im Zusammenhang des durch Wertvorstellungen ausfüllungsbedürftigen Blankettbegriffs der „öffentlichen Ordnung", daß an Sonntagen andere Maßstäbe zur Bestimmung einer Störung der öffentlichen Ordnung (z.B. Ruhe) heranzuziehen sind als an Werktagen und entsprechend an Feiertagen besonderen Charakters (z.B. Karfreitag) andere als an gewöhnlichen Sonntagen.

[69] Siehe auch Schleswig-Holsteinisches Gesetz über Sonn- und Feiertage in der Fassung vom 30.6.1969 (GVOBl. S. 112): II. Abschnitt „Schutzbestimmungen".

bzw. *gemeinschaftsbezogene Ruhe*-Aspekt: Verbot „öffentlich bemerkbarer Arbeiten", die „geeignet sind, die äußere Ruhe des Tages zu stören" (vgl. z.B. § 3 FeiertagsG NRW; § 4 Abs. 1 Nieders. FTG; § 6 Abs. 2 Bad.-Württ. FTG; Art. 2 Abs. 1 Bay. FTG)[70]. Der staatliche Schutzauftrag wird „nach Maßgabe der gewerbe-, arbeitsrechtlichen" und der sonn- und feiertagsrechtlichen Regelungen erfüllt – wie § 5 Bad.-Württ.FeiertagsG treffend sagt.

Bei einem Vergleich der sehr detaillierten und abgestuften sonn- und feiertagsrechtlichen Regelungen der deutschen Länder fällt das hohe Maß an *Differenzierung* auf. Auch lassen sich Grundrechts- bzw. Grundwertebezüge im Blick auf Art. 2 Abs. 2, 4, 5 Abs. 3, 8 und 9 GG freilegen. Das allgemeine Tatbestandselement Verbot „öffentlich bemerkbarer Arbeiten" bzw. „Ruhe" wird im Blick auf erlaubte religiöse, künstlerische und wissenschaftliche Interessen bzw. Tätigkeiten sowie auf Ausnahmen vom Arbeitsverbot präzisiert und konturiert. Repräsentativ und besonders geglückt erscheint das Rheinland-Pfälzische Feiertagsgesetz vom 15.7.1970. Zum Schutz der Gottesdienste (grundsätzliche Zeitgrenze ist ihre Beendigung um 11 Uhr) werden zur Verhinderung von Störungen im Insbesondere-, d.h. Beispielsstil (§ 5 Abs. 1) verboten: „öffentliche Versammlungen sowie Aufzüge und Umzüge, soweit sie nicht der Religionsausübung oder der seelisch-geistigen Erbauung dienen" sowie „alle der Unterhaltung dienenden öffentlichen Versammlungen und Darbietungen, wenn nicht ein höheres Interesse der Kunst, der Wissenschaft oder der Volksbildung vorliegt". (Auch hier fällt das Moment der Öffentlichkeit auf!)[71] Diese Ausnahmen von der Ausnahme lassen die *ideelle* Seite des Sonn- und Feiertagsrechts durchscheinen: ihre Orientierung an den kulturellen Grundrechten der Religions-, Kunst-, Bildungs- und Wissen-

---

[70] Eine andere Normierungstechnik, die letztlich aber zum selben Ergebnis führt, wählt das Hessische FTG. Es spricht in seinem allgemeinen Verbotstatbestand (§ 6) nur von „äußerer Ruhe des Tages", listet dann aber die einzelnen verbotenen Tätigkeiten auf, die tatbestandlich *Öffentlichkeitsbezug* haben (§ 7 Abs. 1, z.B.: „öffentliche Tanzveranstaltungen", „andere der Unterhaltung dienende öffentliche Veranstaltungen, wenn nicht ein überwiegendes Interesse der Kunst, Wissenschaft, Volksbildung oder Politik vorliegen". § 8 verbietet für die in anderen Ländern als „still" bezeichneten Feiertage wie Karfreitag etc. u.a. „öffentliche Tanzveranstaltungen", „öffentliche sportliche Veranstaltungen gewerblicher Art", „öffentliche Veranstaltungen unter freiem Himmel sowie Aufzüge und Umzüge aller Art, wenn sie nicht den diesen Feiertagen entsprechenden ernsten Charakter tragen", „alle sonstigen öffentlichen Veranstaltungen").

[71] Ähnlich § 7 Abs. 1 Ziff. 3 Hess. FTG.

II. Der deutsche Sonn- und Feiertagsschutz im einfachen Recht   31

schaftsfreiheit als Aspekte der möglichen „seelischen Erhebung"! Parallele Wertungen zeigen sich in Verbots- bzw. Erlaubnistatbeständen der anderen Sonn- und Feiertagsgesetze (vgl. z.B. §§ 5, 6 Nieders. FTG). Wenn schließlich die Landesgesetzgeber in Gestalt der „kirchlichen Feiertage" eine eigene Kategorie bilden (z.B. § 9 Rheinl.-Pfälz. FTG; § 2 Bad.-Württ. FTG; § 8 FTG NRW; §§ 7 bis 12 Nieders. FTG; § 2 Berliner FTG; §§ 8 - 10 Schleswig-Holstein. FTG), insofern hier den religiösen Interessen der Lehrlinge und Schüler in Gestalt der Erlaubnis zur Teilnahme an Gottesdiensten und dem Schutz der Gottesdienstorte Rechnung getragen wird (vgl. § 4 Bad.-Württ. FTG bzw. § 9 Rheinl.-Pfälz. FTG), so zeigen sich auch hier ein verfassungsrechtlicher Grundwertebezug und die gestaltende Wahrnehmung des Schutzauftrages.

Bei all dem sind sogar Differenzierungen nach der *Eigenart* der *einzelnen Feiertage* erkennbar. So gelten für den 1. Mai z.B. nicht die sonst zum Schutz der Gottesdienste bekannten Verbote (§ 5 Abs. 1 S. 2 Rheinl.-Pfälz. FTG; § 7 Abs. 2 S. 1 Bad.-Württ. FeiertagsG; § 5 Abs. 2 Nieders. FTG; § 7 Abs. 3 Hess. FTG[72] – Ausdruck der säkularen Tradition dieses Feiertages). Z.B. kennt § 6 FeiertagsG NRW die „stillen Feiertage" 17. Juni, Volkstrauertag, Buß- und Bettag mit zusätzlichen Verboten im Blick auf den „ernsten Charakter" dieser Tage[73]. Für den Karfreitag gibt

---

[72] Plastisch § 7 Abs. 2 FTG Schleswig-Holstein: „Die Vorschriften des Abs. 1 finden auf den Tag der Deutschen Einheit mit der Maßgabe Anwendung, daß öffentliche Versammlungen unter freiem Himmel und öffentliche Aufzüge, die der Würdigung dieses Festtages dienen, zugelassen sind." – Vorbildlich § 3 Abs. 1 Ziff. 1 Hamburgische Feiertagsschutzverordnung vom 10.11.1953 (GVOBl. S. 311): „An Sonntagen und an gesetzlichen Feiertagen sind in der Zeit bis 12 Uhr mittags verboten: 1. öffentliche Versammlungen und öffentliche Aufzüge unter freiem Himmel, soweit es sich nicht um Gottesdienste oder andere religiöse Veranstaltungen sowie um Feierstunden von Weltanschauungsgemeinschaften (Art. 140 GG i.V.m. Art. 137 Abs. 7 WRV) handelt. 2. Sonstige Veranstaltungen und vermeidbare geräuschvolle Handlungen, soweit sie Gottesdienste oder Feierstunden von Weltanschauungsgemeinschaften stören ...".

[73] So ausdrücklich Art. 3 Abs. 2 S. 2 BayFTG; vgl. auch § 5 FSchVO Berlin: „der den einzelnen Tagen entsprechende Charakter ..." Nach § 8 Abs. 3 Hess. FTG ist bei der „öffentlichen Darbietung von Rundfunksendungen ... auf den ernsten Charakter dieser Feiertage" (sc. Karfreitag, 17. Juni, Volkstrauertag, Buß- und Bettag) Rücksicht zu nehmen. – Zum *Betreiben einer Spielhalle* als einer dem Vergnügen dienenden Veranstaltung i.S. des rheinl.-pfälz. FTG, die dem Charakter bestimmter Feiertage (hier: Buß- und Bettag und Totensonntag) nicht angepaßt ist: *OVG Rheinland-Pfalz* AS 18 (1984), S. 87 (92: „oberflächlicher Zeitvertreib", der deshalb dem Sinn der genannten Feiertage als Tage der Besinnung und der Einkehr zuwiderläuft"). – Zum Schutz der „stillen Feiertage": *H.-W. Strätz*, Sonn- und Feiertage, in: HdbStKirchR Bd. II, 1975, S. 801 (814f.).

es ebd. weitere zusätzliche Verbote (§ 6 Abs. 3; Art. 3 Abs. 2 S. 3 Bay. FTG; s. auch § 6 Nieders. FTG), die das Christentum als „Kulturfaktor" bezeugen (vgl. BVerfGE 41, 29 (52)). So sind Sport- und Tanzveranstaltungen an bestimmten Feiertagen verboten (vgl. §§ 7, 8 Rheinl.-Pfälz. FTG; § 10 Bad.-Württ. FTG), wobei es im einzelnen manche Länder-Varianten gibt. So findet § 8 Abs. 1 Ziff. 4 Hessisches Feiertagsgesetz für den Karfreitag, den Tag der deutschen Einheit, Volkstrauertag, Buß- und Bettag und Totensonntag die geglückte Formulierung, verboten seien alle „sonstigen öffentlichen Veranstaltungen, wenn sie nicht der Würdigung der Feiertage, der seelischen Erhebung oder einem überwiegenden Interesse der Kunst, Wissenschaft, Volksbildung oder Politik dienen" – ein Konzentrat vorbildlicher *Feiertagskultur*[74] und *Grundrechtsorientierung*.

Alle diese Normen zeigen, daß und wie der Gesetzgeber bislang seinem Schutzauftrag gestalterisch nachgekommen ist – sogar in hoher Differenzierungskunst je nach dem Charakter der verschiedenen Feiertage. Seine Verbote sind überdies durch Tatbestände des Ordnungswidrigkeitenrechts „bewehrt". Die vergleichende Gesetzesanalyse hat aber auch z. T. schon jene *kulturellen Interessen* freigelegt, die der Gesetzgeber beim Sonn- und Feiertagsrecht hintergründig „bedacht" hat. Jedenfalls erlaubt es das positive Recht durchaus, den kulturwissenschaftlichen Ansatz zur Erfassung des Sonn- und Feiertags zu wählen. Schon im positiven Recht läßt sich ein kulturelles Gesamtbild der Sonn- und Feiertage freilegen, das sich als tragfähig erweist, um in die allgemeinen Überlegungen zur Beibehaltung des Sonntags als Verfassungsprinzip eingebracht zu werden[75].

---

[74] Siehe noch Zweiter Teil, I.

[75] Ein Sonderproblem bilden „*ad hoc-Feiertage*" besonders der *Staatstrauer*. Das Feiertagsrecht einiger Bundesländer sieht die Möglichkeit vor, daß die Landesregierung oder der Minister des Innern aus besonderem Anlaß Werktage durch Rechtsverordnung ad hoc einmalig zu Feiertagen erklären oder für sie Schutzmaßnahmen nach den Bestimmungen der Feiertagsgesetze anordnen können. Ein bekannter Beispielsfall ist die im *Saarland* aufgrund des § 2 Abs. 2b des Gesetzes über die Sonn- und Feiertage (Feiertagsgesetz – SFG) vom 18. Februar 1976 (Amtsbl. S. 213) durch den Minister des Innern erlassene VO über Veranstaltungsverbote am 29. und 30. Juni 1979 vom 27. Juni 1979 (Amtsbl. S. 565) anläßlich des Ablebens des saarländischen Ministerpräsidenten Dr. *Franz Josef Röder*. Vergleichbare Regelungen enthalten z. B. die Sonn- und Feiertagsgesetze von *Schleswig-Holstein* (§ 2 Abs. 2 Sonn- und Feiertagsgesetz vom 30.6.1969 (GVOBl. S. 112), geändert durch Gesetz vom 25.2.1971 (GVOBl. S. 66), vom 9.12.1974

II. Der deutsche Sonn- und Feiertagsschutz im einfachen Recht   33

2. *In Gestalt der Gewerbeordnung und ihrer Ausnahmetatbestände*

Der Reichs- bzw. Bundesgesetzgeber läßt sich in der traditionsreichen Gewerbeordnung (seit 1891) ebenfalls vom Schutzgedanken in bezug auf Sonn- und Feiertage leiten. Er normiert und präzisiert in § 105 b[76] vorweg die „Ruhezeit an Sonn- und Feiertagen" bzw. das generelle Arbeitsverbot nach Gewerbearten differenziert, um dann in den folgenden Paragraphen „Ausnahmen" bzw. „weitere Ausnahmen" als solche zu kennzeichnen und detailliert zu regeln („§ 105 c Ausnahme von § 105 b", „§ 105 d weitere Ausnahmen von § 105 b" etc.). Diese *Ausnahme*vorbehalte sind zwar nicht in einer den behandelten Sonn- und Feiertagsgesetzen vergleichbaren intensiven Weise *positive* Ausgestaltung der Sonn- und Feiertage. Sie stellen primär Konkretisierungen der *negativen* Begrenzung der Sonn- und Feiertags*ruhe* dar, insofern sie Ausnahmen vom gesetzlichen Arbeitsverbot statuieren, also bestimmte Arbeiten zulassen. Nur vereinzelt schlägt der unmittelbare Dienst am Verfas-

---

(GVOBl. S. 453) und vom 30.10.1981 (GVOBl. S. 239)) sowie von *Rheinland-Pfalz* (§ 2 Abs. 2 über den Schutz der Sonn- und Feiertage (LFTG) vom 15.7.1970 (GVBl. S. 225)). Zur Problematik des Schutzes der *Staats-* oder *Landestrauer* (und insbesondere zum Fall des Ablebens des Altbundespräsidenten *Theodor Heuss* am 12.12.1963) vgl. *Drews / Wacke / Vogel / Martens*, Gefahrenabwehr, 9. Aufl. 1986, S. 252; *V. Götz*, Allgemeines Polizei- und Ordnungsrecht, 8. Aufl. 1985, Rdnr. 113 (S. 111 f.); *P. Häberle*, Öffentliches Interesse als juristisches Problem, 1970, S. 435 Anm. 69, S. 572 f.; ders., Feiertagsgarantien als kulturelle Identitätselemente des Verfassungsstaates, 1987, S. 19 und 34 Anm. 17; BVerwG DVBl. 1970, S. 504. – Die Möglichkeit, einen Tag zum „stillen Tag" i. S. des Art. 3 Bay Feiertagsgesetz (FTG) erklären zu können, ergibt sich aus Art. 3 Abs. 4 S. 1 FTG: „Das Staatsministerium des Innern kann aus besonderem Anlaß, der eine Staatstrauer gebietet, weitere Tage (sc. über die in Art. 3 Abs. 1 FTG anerkannten hinaus) durch Verordnung einmalig zu stillen Tagen erklären". Diese Verordnung kann darüber hinaus auch die gem. Art. 3 Abs. 2 S. 2 und 3 FTG für den Karfreitag geltenden besonderen Beschränkungen enthalten: dies folgt aus Art. 3 Abs. 4 S. 2 FTG. Die Staatstrauer in Bayern aus Anlaß des Todes des Ministerpräsidenten *F. J. Strauß* (am 7. und 8.10.1988) hat hier ihre Rechtsgrundlage (vgl. GVBl. 1988 S. 313). Vgl. dazu FAZ vom 8.10.1988, S. 27: „Der Barocke, Trauer in München, ... keine Tanzveranstaltungen, kein Spielhallenbetrieb, weder Striptease noch Pornofilme. Die Staatstheater sind geschlossen, das Volkstheater streicht eine Aufführung, Operetten und Musicals werden abgesetzt." Siehe aber auch *T. Spengler*, Die Virtuosität zu trauern, *F. J. Strauß* und die Seinen, Beobachtungen bei einem Staatsbegräbnis, in: „Die Zeit" vom 14.10.1988, S. 67.

[76] Zu § 105 b Abs. 2 S. 1 GewO (Verbot des Verteilens eines Anzeigenblattes durch Arbeitnehmer an Sonn- und Festtagen) zuletzt: BGH NJW 1988, S. 2343. Zu den in Bayern praktizierten Ausnahmen i. S. von § 105 b Abs. 2 GewO: BayVGH GewArch 1984, S. 122 (123).

sungsgut „Sonn- und Feiertage" durch: So wenn § 105e „weitere Ausnahmen" von § 105b GewO vorsieht „für Gewerbe, deren vollständige oder teilweise Ausübung an Sonn- und Feiertagen zur Befriedigung täglicher oder an diesen Tagen(!) besonders hervortretender Bedürfnisse der Bevölkerung erforderlich ist" oder wenn nach § 105i Abs. 1 § 105a Abs. 1 und die §§ 105b bis 105g „. . . auf das Gaststättengewerbe, auf Musikaufführungen, Schaustellungen, theatralische Vorstellungen oder sonstige Lustbarkeiten sowie auf das Verkehrsgewerbe keine Anwendung (finden)"[77] – Musik, Theater, Unterhaltung *dienen* ja gerade der Sonntagskultur! Indessen greifen Sonn- und Feiertagsgesetze[78] und die Bestimmungen der GewO letztlich doch ineinander. Sie bilden einen *Gesamtkomplex* einfachgesetzlicher Ausgestaltung der Verfassungssache „Sonn- und Feiertage". Sie konturieren ihr „Verfassungsgut" von unterschiedlichen Seiten aus: Die Sonn- und Feiertagsgesetze haben primär den direkten Schutz der Sonn- und Feiertage in den beiden Dimensionen „Ruhe", „seelische Erhebung" im Auge, freilich mit Ausnahmekatalogen, die noch zu systematisieren sind[79]. Die Regelungen der GewO denken primär nur vom Grundsatz des Beschäftigungsverbots, also der Ruhe aus, das sie durch Ausnahmen *begrenzt relativieren*. Die Konkordanzen der „Ausnahmekataloge" hier wie dort sind im Auge zu behalten[80]. Denn auch sie prägen mittelbar die Wirklichkeit der Sonn- und Feiertage mit, wenngleich von der Ausnahme her, die freilich z.T. die Regel „bestätigt" (wie bei Tätigkeiten, die kulturellen Interessen wie Musik und Theater dienen: § 105i Abs. 1, und die „parallelen" Normen in den Feiertagsgesetzen, oben bei Anm. 71) – diese Tätigkeiten dienen ja der „seelischen Erhebung" der Bürger! Wechselseitige Ausstrahlungsvorgänge zwischen beiden Rechtsmaterien, Sonn- und Feiertagsgesetze hier, GewO dort, sind also im Auge zu behalten[81].

---

[77] Siehe auch § 105c Abs. 4 GewO, der die Religionsfreiheit der Arbeitnehmer im Auge hat (Ausnahmen von Abs. 3, „wenn die Arbeitnehmer am Besuch des sonntäglichen Gottesdienstes nicht gehindert werden . . .").

[78] Einzelheiten zu den „Arbeits- und Handlungsverboten" der Feiertagsgesetze: A. *Mattner*, Sonntagsruhe. . . , NJW 1988, S. 2207 (2210). Ebd. S. 2211 zum Begriff „Störung der Sonntagsruhe".

[79] Dazu G. *Dirksen*, Das Feiertagsrecht, 1961, S. 106ff., sowie unten nach Anm. 81.

[80] Auch wenn § 105h Abs. 1 GewO korrekt sagt, die Bestimmungen der §§ 105 bis 105g stünden weitergehenden landesgesetzlichen Beschränkungen der Arbeit an Sonn- und Feiertagen nicht entgegen.

[81] Zu § 55e GewO bzw. zur „Sonntagsruhe im Reisegewerbe" der gleichnamige Aufsatz von A. *Mattner*, NZA 1988, S. 528ff.

II. Der deutsche Sonn- und Feiertagsschutz im einfachen Recht

Im folgenden werden die Tatbestände der §§ 105a bis 105i GewO *systematisiert*. Freigelegt seien aber auch die (Gemeinwohl-)Interessen, vor allem wirtschaftlicher, technischer Art, die „hinter" den Ausnahmetatbeständen der GewO stehen (z.B. § 105f Abs. 1 Ziff. 3 bis 5, §§ 105d Abs. 1, 105f). Inhalt und Funktion der Arbeitsruhe an Sonn- und Feiertagen sind *Grundsatz* schon auf Verfassungsebene (vgl. oben S. 16f.) und *Ausnahmen* davon müssen von verfassungs- und gesetzeswegen quantitativ und qualitativ „Ausnahmen" bleiben. Diese Maxime muß jede Interpretation der Ausnahmetatbestände der GewO prägen, zumal nur so die Sonn- und Feiertagsgesetze als *Konkretisierung* des verfassungsrechtlichen Sonn- und Feiertagsschutzes Sinn haben. Sie dürfen nicht durch extensive Auslegungsvorgänge schleichend oder offen außer Kraft gesetzt bzw. ihrerseits zur Ausnahme pervertiert werden. Darin liegt ein Stück „Systemgerechtigkeit" und Systemkonsequenz des Sonn- und Feiertagsrechts[82].

Im einzelnen: Unterscheiden lassen sich *zwei* große Kategorien der gewerberechtlichen Ausnahmen vom Verbot der Arbeit an Sonn- und Feiertagen (§§ 105c bis 105i GewO)[83]:

(1) Das „Sonntags- und Bedürfnisgewerbe",

(2) Ausnahmen im Interesse der Unternehmen (wirtschaftliche Gründe bzw. technisch „vermittelte" wirtschaftliche Gründe).

(1) Das Sonntags- und Bedürfnisgewerbe

a) § 105i Abs. 1 GewO enthält Ausnahmen vom Verbot der Arbeit an Sonn- und Feiertagen für das Gaststättengewerbe, Musikaufführungen, Schaustellungen, theatralische Vorstellungen oder sonstige Lustbarkeiten sowie das Verkehrsgewerbe. Abs. 2 formuliert den entsprechenden Arbeitnehmerschutz[84]: Fragt man nach der *inneren* Berechtigung dieser

---

[82] Zu diesem Begriff in der Rspr. des BVerfG aus dem Schrifttum: *C. Degenhart*, Systemgerechtigkeit und Selbstbindung des Gesetzgebers als Verfassungspostulat, 1976; *F.-J. Peine*, Systemgerechtigkeit, 1985.

[83] Zum folgenden auch *Däubler* (oben Anm. 9), S. 8f. und *Richardi* (oben Anm. 9), S. 68ff.; ferner *Landmann / Rohmer*, GewO, Kommentar, 14. Aufl. 1987, Bd. I, §§ 105c ff. *(Neumann)*.

[84] „Die Gewerbetreibenden können die Arbeitnehmer in diesen Gewerben nur zu solchen Arbeiten an Sonn- und Feiertagen verpflichten, welche nach der Natur des Gewerbebetriebes einen Aufschub oder eine Unterbrechung nicht gestatten."

Ausnahmen, so zeigt sich, daß die freigestellten „Gewerbe" letztlich und aufs Ganze gesehen im *Dienste* des Sonntags stehen. Musik, Theater und andere „Lustbarkeiten" dienen – jedenfalls oft – der Sonntags*kultur*, wenn man will der „Sonntagslust", sie können ein Stück „seelische Erhebung" sein oder doch ermöglichen. Der Bezug zu Art. 139 WRV / 140 GG läßt sich hier herstellen. Gaststätten- und Verkehrsgewerbe sollen die normalen, *auch* am Sonntag bestehenden Bedürfnisse der Bürger befriedigen. Sonntagsruhe meint ja nicht „Kirchhofsruhe". Von *„Sonntagsgewerbe"* mag man wegen des intensiven und generellen Sonntagsbezugs sprechen (Arbeiten *für* den Sonntag).

b) Für das sog. *„Bedürfnisgewerbe"* sieht § 105e GewO Ausnahmen vor. Gemeint sind „Gewerbe, deren vollständige oder teilweise Ausübung an Sonn- und Feiertagen zur Befriedigung täglicher oder an diesen Tagen besonders hervortretender Bedürfnisse der Bevölkerung erforderlich ist". Beispiele aus der Praxis bilden der Großhandel und die Verbreitung von Presseerzeugnissen[85]. Speziell das Tatbestandselement „an diesen Tagen besonders hervortretende Bedürfnisse" zeigt den inneren Sonn- und Feiertagsbezug. „Bedürfnisse" sind insoweit typische *Sonntags*bedürfnisse, Ausdruck von allgemeinem Sonntagsverhalten – der Gesetzgeber hat also auch hier ein bestimmtes Erscheinungsbild des Sonntags (und Feiertags) vor Augen[86,87]. Diese bürgerorientierte Bedürfnisbefriedigung (z.B. im Blick auf Art. 5 GG) liegt jedenfalls zum Teil im Gemeinwohl- und Sonntagsinteresse. Das Gemeinwohl steht nicht einfach „gegen" das Sonntagsprinzip. Und der Begriff „Bedürfnis" ist ein Einfallstor für kulturwissenschaftlich erfaßbares Verhalten der Bürger.

---

[85] Vgl. *Däubler* (oben Anm. 9), S. 8 m.w.Nachw.; siehe auch *A. Mattner*, Sonn- und Feiertagsrecht, 1988. S. 136 ff.; *Landmann / Rohmer (Neumann)* (oben Anm. 83), § 105e Rdnr. 3. Zu § 105e Abs. 1 S. 1 GewO (Vorbereitung des Verkaufs von frischem Obst und Gemüse an Sonn- und Feiertagen) verneinend: *OVG Münster* NJW 1988, S. 2260.

[86] § 105e Abs. 2 GewO ermächtigt den Bundesminister für Arbeit zum Erlaß von Rechtsverordnungen über die Ausnahmetatbestände (siehe auch die Mitteilung an den Bundestag!).

[87] *Däubler* (oben Anm. 9), S. 8 ordnet systematisch auch die 2. Alternative von § 105c Abs. 1 hier ein (Arbeiten, welche „im öffentlichen Interesse unverzüglich vorgenommen werden müssen"). Die Praxis ist streng (z.B. Reparaturen zur Sicherung der Versorgung mit Gas, Wasser und Strom sowie zur Aufrechterhaltung des Fernsprechverkehrs, vgl. *Däubler*, a.a.O.). Im Grunde wird hier der in einigen Landesverfassungen der Sonn- und Feiertagsgarantie konnexe Ausnahme-Gemeinwohlvorbehalt (z.B. Art. 55 Abs. 5 Verf. Bremen) „ausgefüllt".

II. Der deutsche Sonn- und Feiertagsschutz im einfachen Recht   37

(2) Ausnahmen im Interesse der Unternehmen
(Wirtschafts- bzw. Technik-bezogene Spezialklauseln)

Ausnahmsweise können bestimmte *wirtschaftliche* Interessen der Unternehmen oder „*technisch* vermittelte wirtschaftliche Gründe"[88] die Aufhebung der Regel des sonn- und feiertäglichen Arbeitsverbots bewirken. (Betriebs)Wirtschaftliche oder technische Interessen *allein* und *als solche* reichen nicht aus. Andernfalls würde das verfassungsrechtliche „Sonntagsprinzip" gegenstandslos. Denn seine *regelhafte* Befolgung i. S. des Arbeitsverbots hat immer Nachteile für das Unternehmen zur Folge, insofern es nicht kontinuierlich arbeiten kann. Dies setzt das Sonn- und Feiertagsprinzip gerade voraus; dies sind seine „wirtschaftlichen Kosten"[89] oder anders gesagt: Es besteht grundsätzlich ein Frageverbot im Blick darauf, was der Sonntag wirtschaftlich „kostet". Diese konstitutionelle Gemeinwohlwertung steckt in Art. 139 WRV/Art. 140 GG und seinen immanent oder geschrieben zugelassenen *Ausnahmen*[90]. Der Gesetzgeber der GewO denkt jedoch an *besondere* Interessenkollisionen, in denen er ganz ungewöhnliche Nachteile für die Unternehmen vermeiden möchte. Das kompromißlose Festhalten am Prinzip würde hier zu einem Rigorismus, der einer verfassungsstaatlichen Verfassung widerspräche. Das Sonntagsprinzip ist eine gemeinschaftsbezogene Regel im Dienste des Menschen, die sich nicht absolut setzen darf. Sie muß ihrerseits gemeinschaftsbezogene bzw. bürgerorientierte Ausnahmen kennen, solange es ein *freiheitliches* Wirtschaftssystem gibt, das ja letztlich die „Sonntagsverfassung" im dialektischen Bezug zur „Werktagsverfassung" mitträgt. Diese übergreifenden Zusammenhänge muß man sich

---

[88] Vgl. *Däubler* (oben Anm. 9), S. 8 f.

[89] Siehe auch *D. Pirson*, Art. Sonn- und Feiertage, Evangelisches Staatslexikon, 3. Aufl., Bd. II, 1987, Sp. 3149 (3154): „Unzulässig wäre es, Ausnahmen allein unter dem Gesichtspunkt der Rentabilität oder der betriebswirtschaftl. Zweckmäßigkeit zuzulassen oder solche Ausnahmen, die bei der gebotenen Gleichbehandlung in Zukunft zu einer Nivellierung führen könnten." Eindeutig auch *Richardi* (oben Anm. 9), S. 58: „Technische Entwicklungen müssen vielmehr insoweit in Rechnung stellen, daß der Sonntag zu den kulturgeschichtlichen Errungenschaften zählt, die nicht ökonomischer Effizienz geopfert werden dürfen."

[90] Vgl. Art. 31 S. 3 Verf. Hessen: „Ausnahmen können durch Gesetz oder Gesamtvereinbarung zugelassen werden, wenn sie der Allgemeinheit dienen." Art. 55 Abs. 4 Verf. Bremen: „Ausnahmen können durch Gesetz oder Gesamtvereinbarung zugelassen werden, wenn die Art der Arbeit oder das Gemeinwohl es erfordern."

vergegenwärtigen, ehe man sich in das „Gestrüpp" der GewO-Ausnahmen im Interesse des einzelnen Unternehmens begibt, die im letzten auch zu solchen im Gemeinwohlinteresse werden können.

Nur so läßt sich eine gewisse Klarheit im Systematischen gewinnen und nur so läßt sich sagen, auf welchem Hintergrund Ausnahmen zu interpretieren sind und welche im Rahmen des heutigen industriellen Wandels (in der Textilbranche sowie im High-Tech-Bereich) und des Freizeitwandels beantragten Ausnahmen „systemsprengend" wären bzw. „systemimmanent" bleiben. Auch die am Schluß erörterten rechtspolitischen Fragen der legislatorischen Ausweitung der Ausnahmen (Dritter Teil) können nur auf diesem größeren Hintergrund behandelt werden. Der Gesetzgeber der GewO arbeitet ja deshalb mit bis ins kleinste ziselierten Tatbestandselementen in Ausnahmeklauseln, weil er Ausdehnungen der Ausnahmen *verhindern* möchte. Fast könnte man von einer „Tatbestandskasuistik" sprechen.

Zunächst zu den *wirtschaftlichen Ausnahmegründen* bzw. wirtschaftsbezogenen oder „betriebswirtschaftlichen" Spezialklauseln: § 105 c Abs. 1 Nr. 1 GewO hebt das grundsätzliche Arbeitsverbot auf für „Arbeiten, welche in Notfällen unverzüglich vorgenommen werden müssen". Die Judikatur spricht von „notstandsähnlichen Gefahren"[91]. Grundrechtlich gesprochen schlagen hier die Wertungen der Art. 12 und 14 GG durch. Der entsprechende Gedanke greift im Ausnahmetatbestand des § 105f GewO durch: „Wenn zur Verhütung eines unverhältnismäßigen Schadens ein nicht vorherzusehendes Bedürfnis der Beschäftigung von Arbeitnehmern an Sonn- und Feiertagen eintritt, so können ... Ausnahmen für bestimmte Zeit zugelassen werden." Die Elemente „unverhältnismäßiger Schaden" und „nicht vorherzusehendes Bedürfnis" zeigen, wie eng begrenzt der Gesetzgeber auch hier dem (Betriebs)Wirtschaftlichen als Argument gegen das Sonntagsverbot Gewicht verleihen will[92].

Sodann ein Wort zu den *„technisch vermittelten wirtschaftlichen Gründen"*, den technikbezogenen Spezialklauseln:

---

[91] *Däubler* (oben Anm. 9), S. 8 m. w. Nachw., z. B. bei Brand, Überschwemmung; weitere Beispiele bei *A. Mattner*, Sonn- und Feiertagsrecht, 1988, S. 127; *Landmann / Rohmer (Neumann)* (oben Anm. 83); § 105c, Rdnr. 8 - 13.

[92] Ähnlich eng denkt § 105b Abs. 2 S. 2 GewO, dazu auch *Däubler* (oben Anm. 9), S. 8 (Gestattung von Arbeit an bis zu zehn Sonn- und Feiertagen, an denen besondere Verhältnisse einen erweiterten Geschäftsverkehr erforderlich machen. Zur *engen* Handhabung dieses Tatbestandes *Däubler* a.a.O., S. 8f.

II. Der deutsche Sonn- und Feiertagsschutz im einfachen Recht 39

Auf diesem Gebiet (das vielleicht mehr „Zwangscharakter" hat als wirtschaftliche Interessen) sind die Tatbestände der GewO etwas weiter gefaßt, sie bleiben aber *Ausnahme*-Klauseln im Rahmen eines differenzierten Gesamtsystems. § 105 c Abs. 1 Nr. 3 GewO erlaubt „Arbeiten zur Reinigung und Instandhaltung, durch welche der regelmäßige Fortgang des eigenen oder eines fremden Betriebes bedingt ist", sowie Arbeiten, „von welchen die Wiederaufnahme des vollen werktäglichen Betriebes abhängig ist". Damit sind Dauertätigkeiten gemeint, nicht Sondersituationen[93]. § 105 c Abs. 1 Nr. 4 GewO enthält den Ausnahmetatbestand, der bei den Kontroversen um die Sonntagsarbeit bei Siemens, IBM und SEL die zentrale Rolle spielt[94]. Er läßt an Sonn- und Feiertagen solche Arbeiten zu, „welche zur Verhütung des Verderbens von Rohstoffen oder des Mißlingens von Arbeitserzeugnissen erforderlich sind, sofern nicht diese Arbeiten an Werktagen vorgenommen werden können"[95]. Die umstrittene Frage ist, inwieweit sich *vollkontinuierliche Arbeiten* auf § 105 c Abs. 1 Nr. 4 GewO stützen lassen[96]. Diese Norm ist eine *technikbezogene Spezialklausel*, eine begrenzte Ausnahme im differenzierten Gesamtsystem von Ausnahmen, die weder je für sich, noch addiert die Sonntags-Ruhe-Regel in Frage stellen dürfen. Das ergibt sich auch daraus, daß sogar die in § 105 d GewO im Wege der Rechtsverordnung normierbaren Ausnahmen als „weitere Ausnahmen" gekennzeichnet werden, obwohl sie abstrakt/genereller Natur sind. Ziff. 4 ist eine weitere, aber ebenfalls „kleine" Ausnahme und „Miniatur" im Geflecht der Ausnahmetatbestände der GewO und ihres Grundsatzes vom Arbeitsverbot an Sonn- und Feiertagen, sie ist keine „Öffnungsklausel". Und dieses Ausnahme-Verständnis bzw. diese -Argumentation der GewO-Tatbestände erhält

---

[93] Vgl. *Däubler* (oben Anm. 9), S. 9; zu § 105 c Abs. 3 *ders.*, ebd. sowie *Richardi* (oben Anm. 9), S. 69 ff. Weitere Einzelheiten bei *Landmann / Rohmer (Neumann)* (oben Anm. 83), § 105 c Rdnr. 18 - 25.

[94] Dazu *Däubler* (oben Anm. 9), S. 9.

[95] Einzelheiten bei *Landmann / Rohmer (Neumann)* (oben Anm. 83), § 105 c, Rdnr. 26 - 32. – Zu § 105 d GewO – weitere Ausnahmen in bezug auf Arbeiten, „welche ihrer Natur nach eine Unterbrechung oder einen Aufschub nicht gestatten" etc. und den Anforderungen an die Rechtsverordnungen des Bundesministers für Arbeit: *Däubler* (oben Anm. 9), S. 9 (bisherige Beispielsindustrien sind die Eisen-, Stahl- und Papierindustrie). Zu „Kampagne"- und „Saisonindustrien": *Landmann / Rohmer (Neumann)* a.a.O., § 105 d Rdnr. 11 f.

[96] Zur Frage des Verhältnisses von §§ 105 c Abs. 1 Nr. 4 und 105 d GewO vgl. *Däubler* (oben Anm. 9), S. 10; zum „Ausnahmetatbestand" des § 105 c Abs. 1 Nr. 4 sehr restriktiv: *Richardi* (oben Anm. 9), S. 79 ff.

von der Systematik der Sonn- und Feiertagsgesetze her eine zusätzliche juristische Unterstützung. Auch und gerade der neuere Gesetzgeber dieser Normen, die meist erst aus den 50er Jahren und später stammen, bekräftigen mittelbar das gesetzgeberische „Ausnahmedenken" in Sachen Sonn- und Feiertagsrecht, weil auch sie bei ihren Ausnahmeklauseln streng umrissene Tatbestandselemente geschaffen haben. Insofern wirken die Ausnahmeklauseln der GewO und der Sonn- und Feiertagsgesetze *zusammen:* weil sie ein differenziertes Gesamtsystem von „Ausnahmerecht" in Sachen Sonn- und Feiertagsrecht normieren. Sein „Konzentrat" gehört zum Sonn- und Feiertagsverfassungsrecht, bildet dessen immanenten Bestandteil und widersteht so von der Verfassung aus allen Versuchen schleichender oder schrittweiser Aushöhlung „von unten" her[97].

Auf diesem Hintergrund ist der Streit um die sog. *„Schrottquote"* zu behandeln (= Fehlerquote, die durch Unterbrechungen der Arbeitsprozesse entsteht). Ist ein Teil der Rohstoffe oder der Fertigprodukte definitiv verdorben, so soll es nach der Praxis der Gewerbeaufsichtsämter darauf ankommen[98], ob der auf diese Weise eingetretene Verlust über oder unter 5% der bei einer Sechs-Tage-Woche möglichen Produktion liegt. Die Gerichte haben sich darauf noch nicht festgelegt. Sicher kann keine schematische 5%-Schrottklausel bei § 105c Abs. 1 Ziff. 4 GewO angenommen werden. Die Praxis und die Gerichte werden nach Betriebsarten und der sonstigen (z.B. Wettbewerbs-)Situation national wie international differenziert entscheiden müssen. Auch die Frage der Sicherung von Arbeitsplätzen sollte bei der Gesamtabwägung eine Rolle spielen: als Gemeinwohlaspekt. Der technische Wandel muß ebenfalls berücksichtigt werden. Wäre das Unternehmen und sein Bestand an Arbeitsplätzen ohne vollkontinuierliche Produktion gefährdet, die „Opfergrenze" überschritten, ist an begrenzte Relativierungen des Sonntagsverbots via Ziff. 4 zu denken. Art. 14 und 12 GG (dieser auch von der Seite der Arbeit*nehmer* her) haben hier ihr Gewicht. In der Literatur wird zu recht von einem an die Unternehmen gerichteten „Gebot zur Minimierung von Sonntagsarbeit" und zur „Entwicklung von technischen Alternativen" gesprochen[99].

---

[97] Zu diesem „Wechselwirkungsdenken" in Sachen Verfassungsnorm/einfaches Gesetz: *P. Häberle,* Wesensgehaltgarantie, 3. Aufl., 1983, S. 210ff.; siehe auch *P. Lerches* „Konzentrat"-Paradigma, Stiller Verfassungswandel als aktuelles Politikum, in: FS Maunz, 1971, S. 285ff.

[98] Vgl. *Däubler* (oben Anm. 9), S. 10f.

[99] Ebd., S. 11f.

II. Der deutsche Sonn- und Feiertagsschutz im einfachen Recht   41

Auf keinen Fall darf sich über § 105 c Abs. 1 Ziff. 4 GewO eine „verschwiegene Generalklausel" zugunsten von Sonntagsarbeit einbürgern. Der Sonntag hat eben seinen wirtschaftlichen Preis!

Für die *Rechtspolitik*[100] stellt sich die Frage, ob nicht durch eine Novelle zur GewO die Ausnahme-Tatbestände dem technischen Wandel vor allem im Bereich der „Chipgeneration" angepaßt werden sollten, um die Gewerbeaufsichtsämter und die Gerichte bei ihrer Interpretation nicht zu überfordern. Der *parlamentarische* Gesetzgeber ist berufen, unter Einbeziehung, ja Auswertung der allgemeinen Diskussion unserer pluralistischen Öffentlichkeit zum Sonntagsverständnis, seine früheren Entscheidungen offen fortzuschreiben. Im demokratischen Verfassungsstaat ist das *Parlament* das repräsentative Forum für Grundsatzfragen wie den Streit um den Sonntag. Hier könnten die politischen Parteien das Verfassungsprinzip „Sonntag" bekräftigen – selbst dort, wo sie einmal eine neue Ausnahme normieren müssen – was kein Tabu sein sollte! Jedenfalls ist die Schaffung von „pluralistischen Sonn- und Feiertagsbeiräten" sowohl auf der Ebene der *Rechtsverordnungen* erlassenden Minister als auch auf der über *Einzelfälle* entscheidenden Gewerbeaufsichtsämter oder anderen Behörden nur *ein* Element im ganzen Arsenal rechtspolitischer Möglichkeiten.

3. In Gestalt sonstiger Rechtsnormen

Auch in anderen Feldern der einfachen Gesetze findet sich ausgestaltendes Sonn- und Feiertagsrechts: im Ladenschluß-, Mutterschutz- und Jugendarbeitsschutzrecht[101,102], sogar in der StVO[103] und im Medienrecht (Werbeverbote)[104].

---

[100] Siehe unten Dritter Teil.
[101] Das Gesetz über den *Ladenschluß* vom 28.11.1956 (BGBl. I S. 875), zit. nach Beck-Texte, Arbeitsgesetze, 32. Aufl., 1985, normiert zunächst das Prinzip des Geschlossenseins der Verkaufsstellen an Sonn- und Feiertagen (§ 3 Abs. 1 Ziff. 1), dann aber Abweichungen für Apotheken (§ 4), Zeitungen und Zeitschriften (§ 5), Tankstellen (§ 6), Verkaufsstellen auf Personenbahnhöfen und Flughäfen (§ 8 f.). Im Wege von *Rechtsverordnungen* können in Kur- und Ausflugs-, Erholungs- und Wallfahrtsorten „mit besonders starkem Fremdenverkehr" für bestimmte Waren (wie Badegegenstände, Süßwaren, Blumen und Zeitungen) Abweichungen an jährlich höchstens vierzig Sonn- und Feiertagen bis zur Dauer von acht Stunden erlaubt werden (§ 10). Entsprechendes gilt für den Verkauf in ländlichen Gebieten an Sonntagen (§ 11: „während der Zeit der Feldbestellung und der Ernte", „falls dies zur Befriedigung dringender Kaufbedürfnisse der Landbevölkerung erforder-

4. *Inkurs: Vergleich der Ausnahmekataloge*

Ein Vergleich der *Ausnahmekataloge* der *Sonn- und Feiertagsgesetze* der Länder läßt viele Übereinstimmungen sichtbar werden. Er deckt aber auch Wertungen auf, die sich für die Interpretation des „Ausnahmerechts" nach der GewO fruchtbar machen lassen bzw. die im Argumentationsrahmen der Sonn- und Feiertagsproblematik im ganzen Beachtung verdienen. Gerade ein kulturwissenschaftlicher Ansatz muß zuerst an die positivrechtlichen Normen präzise anknüpfen und diese erschließen, ehe er nach dem „Hintergründigen", der Kultur, fragt.

Zuweilen werden die Ausnahmen vom Arbeitsverbot schon textlich als solche charakterisiert und in einem Katalog aufgelistet. So spricht das Rheinl.-Pfälz. FTG in § 4 von „Ausnahmen von den Arbeitsverboten"

---

lich ist"), den Verkauf bestimmter Waren an Sonntagen (§ 12), weitere Verkaufssonntage (§ 14: Märkte/Messen und ähnliche Veranstaltungen an jährlich höchstens vier Sonn- und Feiertagen). Erst im Dritten Abschnitt des Gesetzes („Besonderer Schutz der Arbeitnehmer") sind diese Abweichungen als „Ausnahmen" qualifiziert (§ 17 Abs. 1: „ausnahmsweise zugelassene Öffnungszeiten"). – Das *Mutterschutzgesetz* vom 18.4.1968 (BGBl. I S. 315) verbietet die Beschäftigung von „werdenden und stillenden Müttern" an Sonn- und Feiertagen (§ 8). – Im *Jugendarbeitsschutzgesetz* vom 12.4.1976 (BGBl. I S. 965) regelt § 17 die „*Sonntagsruhe*" (mit der Ausnahme der Beschäftigung Jugendlicher nur in Krankenanstalten, in der Landwirtschaft und Tierhaltung mit Arbeiten, „die auch an Sonn- und Feiertagen naturnotwendig vorgenommen werden müssen", im Schaustellergewerbe, bei Musikaufführungen, Theatervorstellungen, beim Sport, im ärztlichen Notdienst, im Gaststättengewerbe etc.). § 18 befaßt sich mit der „Feiertagsruhe" mit Differenzierungen. Solche finden sich auch für die Beschäftigung Jugendlicher in der Binnenschiffahrt (§ 20). – *Im ganzen* ist auch hier die stark ausgestaltende, differenzierte Arbeit des Gesetzgebers je nach Tätigkeitsart, Arbeitnehmerkreis (Mütter bzw. Jugendliche), nach Art der Feiertage kennzeichnend. Das Bild erlaubter Sonn- und Feiertagsarbeit ist im Spiegel der Ausnahmetatbestände sehr vielfältig, diese konturieren die Sonn- und Feiertagskultur mit. Die Unverzichtbarkeit des staatlichen Rechts als „juristisches Gehäuse" des Sonntags wird augenscheinlich. Alle Normen dieser Art sind ein Stück Arbeits- und Kulturrecht und nur prima facie „technischer" Natur. *Einzelheiten* zum Ladenschlußrecht bei A. *Mattner,* Sonn- und Feiertagsrecht, 1988, S. 147 ff., zum Mutterschutzrecht und Jugendarbeitsschutzrecht ebd. S. 181 ff. bzw. 184 ff. – Zu Ausnahmen nach dem LImSchG NRW als „Nachbarproblem": OVG NRW DÖV 1987, S. 1070 f. („Schützenfest").

[102] Die Feiertage werden zusätzlich durch das Gesetz zur Regelung der Lohnfortzahlung an Feiertagen vom 2.8.1951 ausgestaltet (BGBl. I S. 479).

[103] § 30 Abs. 3 (Sonntagsfahrverbot für Lastkraftwagen).

[104] Dazu unten bei und in Anm. 182 bis 184.

(ebenso § 4 FTG NRW). In bezug auf die erlaubten Tätigkeiten können folgende Fallgruppen unterschieden werden[105]:

(1) *Verkehrs- und Versorgungseinrichtungen,* nämlich der Post und Bahn sowie der sonstigen Unternehmen, die der gewerbsmäßigen Personenbeförderung dienen (vgl. etwa § 6 Abs. 3 Ziff. 1 Bad.-Württ. FTG, § 4 Abs. 2a Niedersächs. FTG) samt Hilfseinrichtungen (§ 6 Abs. 3 Ziff. 2 Bad.-Württ. FTG, § 2 Abs. 1 Ziff. 2 Hamburg. Feiertagsschutzvo). Diese „Sonntagsarbeit" relativ Weniger *dient* der Sonntagskultur Vieler (Arbeit *für* den Sonntag). Sie hat ihre Entsprechung in der GewO (§ 105i) und prägt die Sonntagswirklichkeit in ganz „normaler" Weise. Die *Normativität* der Ausnahme vom Arbeitsverbot dient der *Normalität* des Sonntags – wie man pointiert sagen könnte. Kulturellen Bedürfnissen der Bürger werden Möglichkeiten geschaffen und Aktionsräume eröffnet.

(2) *Unaufschiebbare Arbeiten* bilden eine zweite Gruppe der Ausnahmekataloge. Repräsentativ ist die Trias in § 4 Abs. 3 FTG NRW: „unaufschiebbare Arbeiten, die erforderlich sind

a) zur Verhütung eines Notstandes oder im Interesse öffentlicher Einrichtungen und Anstalten,

b) zur Abwendung eines erheblichen Schadens an Gesundheit oder Eigentum,

c) zur Befriedigung dringender häuslicher oder landwirtschaftlicher Bedürfnisse"[106].

Zunächst zur *Notstandsklausel.* Sie hat ihre Parallele in § 105c Abs. 1 Nr. 1 GewO[107]. Wieder einmal zeigt sich, wie konkordant die Wertung der Gesetzgeber im „Ausnahmerecht" zu Sonn- und Feiertagen über viele Jahrzehnte und Gesetze hinweg geblieben ist. Die Alternative „oder im Interesse öffentlicher Einrichtungen" muß denkbar eng ausgelegt werden, es ist ein *besonderes,* überwiegendes öffentliches Interesse erforderlich[108], andernfalls würde die Ausnahmestruktur auch dieser Tatbestandshälfte beseitigt. Ein Wort zum Ausnahmegrund „*Abwendung eines erheblichen Schadens an Gesundheit oder Eigentum"* (siehe auch § 4

---

[105] Vgl. auch *Dirksen* (oben Anm. 79), S. 106 ff.; siehe auch *A. Mattner,* Sonn- und Feiertagsrecht, 1988, S. 235 ff.
[106] Ähnlich § 4 Abs. 2b und c Niedersächsisches FTG, Art. 3 Ziff. 3 Bay FTG.
[107] Ähnlich wohl *Dirksen* (oben Anm. 79), S. 109.
[108] Vgl. auch *Dirksen* (oben Anm. 79), S. 109.

Abs. 1 Ziff. 6: „erheblicher Schaden an Eigentum"; Art. 2 Abs. 3 Bay. FTG: „Abwendung eines Schadens an Gesundheit oder Eigentum"): Er rechtfertigt sich heute aus der *Verfassung* (Art. 2 Abs. 2 und Art. 14 GG)[109]. Der Gesundheitsschutz des Menschen setzt dem sonn- und feiertäglichen Arbeitsverbot Schranken. Die einzelfallbezogene Ausnahme, d. h. die hier erlaubte Tätigkeit stellt „praktische Konkordanz" her zwischen allgemeiner Sonntagsruhe und ausnahmsweiser Durchbrechung[110]. Die Bedürftigkeit des Menschen (hier in Sachen Gesundheitsschutz) besitzt Vorrang vor der Regel. Die Feiertagsgesetze haben hier in geglückter Weise einen verfassungsrechtlichen Wertekonflikt auf ihrer Ebene entschieden bzw. konkretisiert. Dasselbe gilt für die Abwendung eines (erheblichen) Schadens an Eigentum im Einzelfall, wobei der Schaden besonders schwerwiegend sein muß, da andernfalls über eine Hintertür bloße wirtschaftliche Interessen weitgehende „Ausnahmen" erzwängen, die die GewO gerade untersagt[111].

Die letzte Untergruppe meint „dringende häusliche oder landwirtschaftliche Bedürfnisse" oder „leichtere Arbeiten in (privaten) Gärten"[112]. Auch hier fällt die *anthropologische Bedürfnisstruktur* auf. Wenn die juristische Literatur auf leichte Gartenarbeit „zur Entspannung und Ablenkung" hinweist oder auf die „biologische Ausgleichsfunktion für den Körper"[113], so „ahnt" sie den Zusammenhang zur „Sonntagskultur" mehr als daß sie ihn klar erkennt. Muße, Balancen im psychischen und physischen Bereich, das typisch nicht Werktägliche, eben „Sonntägliche" dieser Aktivitäten steht „hinter" diesem Ausnahmetatbestand.

Viele Entsprechungen finden sich schließlich in einem letzten Problembereich, bei der Frage, ob die Sonn- und Feiertagsgesetze über die bis ins einzelne bestimmten Ausnahmetatbestände hinaus *offene,* d.h. *nicht* näher bestimmte Ausnahmeklauseln vorsehen. Ein innerbundesdeutscher Vergleich ergibt folgendes: § 6 Feiertagsschutzverordnung von Hamburg vom 10.11.1953 (GVOBl. S. 311) lautet:

---

[109] Siehe noch unten bei und in Anm. 206 bis 208.

[110] Man mag auch mit der Zumutbarkeitsgrenze arbeiten, so mit Hinweis auf ärztliche Hilfeleistungen: *Dirksen* (oben Anm. 79), S. 108.

[111] Dazu bei Anm. 76 ff.

[112] Vgl. Art. 2 Abs. 3 Ziff. 4 Bay FTG; § 6 Abs. 3 Ziff. 3 Bad.-Württ. FTG; § 2 Art. 1 Ziff. 4 Hamburger FSchVO.

[113] *Dirksen* (oben Anm. 79), S. 110f.

II. Der deutsche Sonn- und Feiertagsschutz im einfachen Recht 45

„Der Senat kann aus wichtigem Grund von den Verboten der §§ 1 bis 4 Ausnahmen zulassen. Er kann diese Befugnis auf nachgeordnete Stellen übertragen."

§ 11 Schleswig-Holsteinisches Gesetz über Sonn- und Feiertage vom 30.6.1969 (GVOBl. S. 112) bestimmt ähnlich:

„Beim Vorliegen eines dringenden Bedürfnisses kann der Innenminister von den Verboten und Beschränkungen der §§ 5 bis 9 Ausnahmen zulassen. Er ist berechtigt, diese Befugnis für einzelne Fälle auf die Kreisordnungsbehörden zu übertragen."

Die Landesverordnung zur Übertragung von Zuständigkeiten nach dem Gesetz über Sonn- und Feiertage vom 3.11.1971 (GVOBl. S. 448) überträgt diese Befugnis in § 1 Ziff. 2 „abweichend von Nr. 1 auf die Bürgermeister der amtsfreien Gemeinden sowie die Amtsvorsteher als örtliche Ordnungsbehörden für
a) Umzüge und Wecken aus Anlaß von Veranstaltungen, die auf Tradition beruhen,
b) Selbsthilfearbeiten".

Diese Ausnahmetatbestände sind bemerkenswerte Präzisierungen! § 10 Rheinland-Pfälzisches FTG (vom 15.7.1970, GVBl. S. 225) kennt ebenfalls einen Ausnahmetatbestand „aus wichtigem Grund", freilich mit dem Zusatz: „Eine unmittelbare Störung der Gottesdienste darf durch die ausnahmsweise genehmigten Veranstaltungen nicht eintreten."

Nach § 14 Niedersächsisches FTG i.d.F. vom 29.4.1969 (GVBl. S. 113) können die Gemeinden Ausnahmen zulassen, „für Umzüge aus Anlaß von Volksfesten, die örtliches Brauchtum pflegen und nur einmal im Jahre stattfinden", sowie von den Verboten und Beschränkungen der §§ 4 bis 6 und 9 „aus besonderem Anlaß im Einzelfalle"[114]. Gesteigerte textliche Anforderungen an die Zulässigkeit der Ausnahme stellt § 9 der Feiertagsschutzverordnung Berlin vom 29.11.1954 (zuletzt geändert in GVBl. 1970 S. 21) in den Worten: „Bei Vorliegen eines besonders dringenden Bedürfnisses kann die zuständige Behörde im Einzelfalle Ausnahmen von den in den §§ 2 und 4 bis 7 vorgesehenen Verboten und Beschränkungen zulassen", sowie § 10 FTG NRW vom 22.2.1977 (GVBl. S. 98) in

---

[114] § 14 Hessisches FTG i.d.F. vom 29.12.1971 (GVBl. 1971, S. 344) normiert: „Die untere Verwaltungsbehörde kann im Einzelfall von den in diesem Abschnitt vorgesehenen Beschränkungen und Verboten Befreiung gewähren. – Art. 5 Bay FTG vom 21.5.1980 (Bay RS 1131 – 3 – 1) faßt den Ausnahmetatbestand in die Worte: „Die Gemeinden können aus wichtigem Grund im Einzelfall von den Verboten der Art. 2, 3 und 4 Befreiung erteilen, nicht jedoch für den Karfreitag."

Gestalt der Formulierung: „Beim Vorliegen eines besonders dringenden Bedürfnisses können Ausnahmen von den Verboten der §§ 3 und 5 bis 7 zugelassen werden, sofern damit keine erhebliche Beeinträchtigung des Sonn- und Feiertagsschutzes verbunden ist." (Vgl. auch Art. 5 Bay. FTG.)

Besondere Aufmerksamkeit darf die Struktur des Ausnahmetatbestandes des § 12 Abs. 3 Baden-Württembergisches FTG (i.d.F. vom 28. 11. 1970, GVBl. 1971, S. 1) beanspruchen. Er lautet[115]:

„Vor der Erteilung einer Ausnahmebewilligung sind die zuständigen kirchlichen Stellen zu hören. Dies gilt nicht, wenn von Vorschriften zum Schutz des 1. Mai oder des Tages der deutschen Einheit eine Ausnahmebewilligung erteilt werden soll."

Damit ist in nuce ein rudimentäres, aber zukunftsweisendes „Modell" geschaffen, das Modell für einen *pluralistisch zusammengesetzten Beirat*. Gewiß, das im Ausnahmetatbestand normierte Anhörungsrecht ist kein institutionalisierter Beirat, doch die „Vorform" eines solchen. Freilich sind nur die Kirchen mit einem Anhörungsrecht ausgestattet, nicht etwa, was am 1. Mai als „Tag der Arbeit" doch nahelöge, die Gewerkschaften und Arbeitgeberverbände. Gleichwohl sollte das Anhörungsrecht in § 12 Abs. 3 in die rechtspolitische Diskussion um die Schaffung von pluralistischen Sonn- und Feiertagsbeiräten eingebracht werden[116].

Im übrigen ist allen Ausnahmetatbeständen aus „wichtigem Grund", „besonders dringendem Bedürfnis" das Bestreben zu entnehmen, die Ausnahmen eng zu halten, sie nicht ausufern zu lassen, auf örtliche Besonderheiten abzustellen und ganz den Einzelfall ins Auge zu fassen. Die Struktur dieser *gemeindeutschen Ausnahmeklausel* paßt also in das Gesamtbild gesetzgeberischen Festhaltens am Sonntag (bzw. Feiertag) als Verfassungs*prinzip*.

---

[115] Zum „besonderen Ausnahmefall" i.S. von § 12 Abs. 1 Bad.-Württ. FTG als Grund für die Befreiung vom gesetzlichen Verbot öffentlicher Tanzunterhaltungen an besonders geschützten Sonn- und Feiertagen: *VGH Bad.-Württ.* ESVGH 19 (1969), S. 57. Der VGH qualifiziert die „besonderen Ausnahmefälle" als „unbestimmten Rechtsbegriff" und er votiert für eine enge Auslegung des Ausnahmetatbestandes (Arg.: „besondere Ausnahmefälle" als „zweifache Betonung des Ausnahmecharakters der Befreiungen vom Tanzverbot des § 10" (a.a.O., S. 59).

[116] Dazu unten Dritter Teil, III.

Zweiter Teil

Kulturanthropologische bzw. verfassungstheoretische Begründung des Sonntags bzw. der Feiertage

I. Sonntage und Sonntagskultur im Verfassungsstaat, das Verfassungsprinzip Sonntag, Sonntagsverhalten in der Freizeitgesellschaft, Sonntagswirklichkeit

Der zweite – *theoretische* – Teil sucht das Wort von der Verfassungs-(rechts)lehre als juristischer Text- und Kulturwissenschaft[117] einzulösen. Die juristische Arbeit an positivierten Texten im Kontext einer bestimmten Entwicklungsphase der Kultur hat derzeit im Verständnis der schulischen Erziehungsziele unserer deutschen Verfassungen ebenso eine Bewährungsprobe zu bestehen[118] wie in der Menschenbildproblematik[119] und hier und heute in der Sonn- und Feiertagsfrage. Dabei verlangt der *Sonntag* eine von den *Feiertagen* gesonderte Behandlung. So häufig sie in einer „Doppelgarantie" zusammengebunden sind, der Unterschied bleibt: Der *„Sonntag"* ist mehr als ein Jahrtausend alt. Weder die Französische Revolution von 1789 und die russische Oktoberrevolution von 1917[120], noch *Mao Tse-tung* in China konnten ihn abschaffen oder verdrängen. Fast weltweit behauptet er sich als solcher[121]. – Anders steht es um die *Feiertage* der einzelnen Länder. Obwohl auch sie in kulturanthro-

---

[117] Vgl. *P. Häberle,* Das Menschenbild im Verfassungsstaat, 1988, S. 27 ff.; zuvor schon *ders.,* „Wirtschaft" als Thema neuerer verfassungsstaatlicher Verfassungen, JURA 1987, S. 577 (578) und *ders.,* Verfassungslehre als Kulturwissenschaft, 1982.

[118] Dazu *P. Häberle,* Erziehungsziele und Orientierungswerte im Verfassungsstaat, 1981.

[119] Vgl. die Schrift des Verf.: Das Menschenbild im Verfassungsstaat, 1988.

[120] Dazu *Dirken* (oben Anm. 79), S. 27.

[121] Speziell *Ceylon* hat 1966 den christlichen Sonntag *abgeschafft* und an dessen Stelle den *buddhistischen* Poya-Tag als öffentlichen Ruhetag eingeführt, was angesichts seines vom Buddhismus geprägten Kulturkreises (65 v. H. seiner Einwohner bekennen sich zum Buddhismus) als konsequent erscheint. Dazu *J. Listl,* Das Grundrecht der Religionsfreiheit in der Rechtsprechung der Gerichte der BR Deutschland, 1972, S. 211. – Die *islamischen* Staaten feiern am *Freitag.*

2. Teil: Kulturanthropologischer/verfassungstheoretischer Ansatz

pologische Dimensionen in dem Maße hineinwachsen können wie das „Feiern" einem menschlichen (Kultur-)Bedürfnis entspricht: Die einzelnen Verfassungsstaaten haben unterschiedliche, auch wechselnde Feiertage und Feiertagskulturen entwickelt. (Nur der 1. Mai ist ähnlich „global" wie der Sonntag.) Nationalstaatliche Varianten in Sachen „Feiertage" stehen im Vordergrund gegenüber der kulturellen Konstante des (christlichen) Sonntags, so sehr es dann doch Zusammenhänge gibt. Sonntage kennen auch die Nicht-Verfassungsstaaten, die totalitären oder autoritären Länder wie Ostblockstaaten, Chile oder Südafrika. Sie bilden *historisch* zunächst keine spezifische Eigenheit der sich auf die *Menschenwürde* als (kultur)anthropologische Prämisse gründenden Verfassungsstaaten mit ihren gewaltenteilenden *Demokratie*formen als „organisatorischer Konsequenz"[122], mit ihren Freiheits- und Gleichheitsrechten, ihrem Vielparteiensystem, ihrer sozialen Rechts- und Kulturstaatlichkeit. Wohl aber sind die meisten Feiertage in Verfassungsstaaten *spezielle* Identitätselemente, nationalstaats- bzw. grundwerteorientiert und verfassungstheoretisch entsprechend einzuordnen. Freilich ist heute der Sonntag ungeachtet seiner *vor*verfassungsrechtlichen Herkunft so sehr ein „Stück Verfassungskultur"[123], daß er zum genuinen Gegenstand einer Verfassungslehre wird bzw. letztlich in den Grundwertekanon verfassungsstaatlicher Verfassungen integriert ist[124].

Im einzelnen, zunächst zu *Sonntagen und Sonntagskultur im Verfassungsstaat:*

Die vergleichende Textanalyse der Sonntagsgarantie im deutschen Verfassungs- und Gesetzesrecht hat seine Grundstruktur bereits offengelegt. Die klassische Gestalt begegnet in Art. 139 WRV mit der doppelten Ausrichtung auf „Arbeitsruhe" und „seelische Erhebung"[125]. Dogma-

---

[122] Dazu *P. Häberle,* Die Menschenwürde als Grundlage der staatlichen Gemeinschaft, HdbStR Bd. I, 1987, S. 815 (845 ff.).

[123] *P. Häberle,* Feiertagsgarantien, 1987, S. 59; Zustimmung bei *Richardi* (oben Anm. 9), S. 65.

[124] Zur Rechtsprechung des US-Supreme Court in Sachen „Sunday Closing Laws": *K. Schlaich,* Neutralität als verfassungsrechtliches Prinzip, 1972, S. 214 mit dem bemerkenswerten Zitat aus einer Leitentscheidung: „To say that the States cannot prescribe Sunday as a day of rest for these purposes solely because centuries ago such laws had their genesis in religion would give a constitutional interpretation of hostility to the public welfare rather than one of mere separation of church and State." – Das Problem *religiöser* Minderheiten bleibt indes.

[125] Treffend spricht *A. Hollerbach,* in: P. Feuchte (Hrsg.), Verfassung des Lan-

I. Sonntage, Sonntagskultur, Sonntagsverhalten

tisch ist sie 1. eine „*institutionelle Garantie*" *(C. Schmitt)*[126] und damit in ihrem Wesensgehalt gegenüber allen staatlichen Funktionen geschützt (anders die gesetzlich relativierbaren „offenen" Feiertagsgarantien); 2. ist der Sonntagsgarantie ein an den Staat gerichteter *Schutzauftrag* zu entnehmen! Das einfache Recht gibt all dem weitere Konturen in den Stichworten: grundsätzlich keine „öffentlich bemerkbaren Arbeiten", Schutz des Gottesdienstes der Gläubigen in Gestalt von bestimmten Verboten im Rahmen kollektiver Arbeitsruhe und einer an diesem Tag auf allgemeine „Ruhe" strukturierten Öffentlichkeit, aber Raum für ganz unterschiedliches Freizeitverhalten der Bürger und Gruppen, kurz der pluralistischen Öffentlichkeit. In nicht allein positivrechtlich faßbarer, sondern vertieft kulturwissenschaftlich greifbarer Weise sind es folgende verfassungshohe *Grundwerte*, die den Sonntag zum vielzitierten „Kulturgut" oder „Verfassungsgut" etc. machen: Strukturierung sowohl des menschlichen *Alleinseins* als auch des *menschlichen Miteinander* im 7-Tage-Rhythmus[127] durch kollektive Arbeitsruhe, damit Spannung/Entspannung, Arbeit/Freizeit bzw. Verpflichtung/Muße und damit Öffnung zu: (freiwillig wahrgenommenen) Grundwerten wie *Ehe und Familie, Nachbarschaft und Verein, Freundschaft und Versammlungen, Religion, Wissenschaft und Kunst*, als Beispiele einer grundsätzlichen Möglichkeit zur „seelischen Erhebung" (insofern „Angebotscharakter" des Sonntags)[128].

Speziell vom deutschen Grundgesetz aus argumentiert bedeutet dies:

- Von der *subjektiven Grundrechtsseite* her gesehen, steht die „institutionelle Garantie" des Sonntags in der BR Deutschland im Kraftfeld von bzw. Näheverhältnis zu kulturellen Grundwerten der Art. 4 (individuelle und kollektive Religionsfreiheit bis hin zur religiösen Versammlungsfreiheit), Art. 6 (Ehe und Familie), auch Art. 5 Abs. 3 (Wis-

---

des Baden-Württemberg, 1987, Art. 3 Rdnr. 5 von „Doppelfunktionalität des Sonn- und Feiertagsschutzes: „Religionsausübung einerseits, Arbeitsruhe andererseits."

[126] *C. Schmitt*, Verfassungslehre, 1928, S. 171; zuletzt *A. Mattner*, Sonntagsruhe..., NJW 1988, S. 2207 (2208).

[127] *R. Guardini*, Der Sonntag, 1957, S. 7 nennt die Woche einen „kulturellen Rhythmus". – Treffend die Erklärung des ZdK „Zukunft des christlichen Sonntags in der modernen Gesellschaft", 1988, S. 25: „die ‚Kultur des Sonntags' läßt den Werktag bestehen, verknüpft die Arbeitswochen, rhythmisiert den Lebensalltag."

[128] Dazu *Däubler* (oben Anm. 9), S. 5. Zuvor für die Feiertage: *P. Häberle*, Feiertagsgarantien, 1987, S. 35.

senschafts-, Kunstfreiheit) und vor allem Art. 9 Abs. 1 GG (Vereinsfreiheit, samt anderen Formen der Vergemeinschaftung, z. B. in Gestalt von Demonstrationen): all diesen Grundrechten gibt das Sonntagsprinzip Raum (ohne daß daraus einfach „auf den Sonntag geklagt" werden könnte!), ja man wird sogar einen *Menschenwürdebezug* des Sonntags freilegen dürfen[129], greifbar in der *Dürigschen* „Objektformel" – fortgedacht: „Der Mensch darf nicht zum Objekt wirtschaftlich-technischer Sachzwänge gemacht werden." M. E. gehören Sonntagsgarantie und Sonntagskultur zum *Menschenbild* unseres deutschen Verfassungsstaates (Absage an „Ökonomismus"), so offen und wandelbar dieses im übrigen in vielerlei Hinsicht ist und bleiben muß[130].

Das *Wie* der Gestaltung des Sonntags im Rahmen kollektiver Arbeitsruhe ist dem Individuum zu überlassen (schon das „Ob" seiner „seelischen Erhebung"). Das „*Daß*" des Sonntags ist ein Stück der „*conditio humana*". Das „Wie" im Rahmen des Sonntagsverfassungsrechts bleibt in der Freiheit des einzelnen.

– Von der *objektivrechtlichen* Seite her gedacht, steht der Sonntag in den Kraftfeldern des *Religions*verfassungsrechts[131] (als Teil des *Kultur*verfassungsrechts) und des *Arbeits*verfassungsrechts[132] (beides kommt oft schon in der systematisch wechselnden Plazierung der Sonn- (und Feiertags-)Garantie in deutschen Verfassungen zum Ausdruck[133]), letzteres ist ein Indiz für den Zusammenhang mit dem *Sozialstaatsprinzip*[134]. Die Verf. Baden-Württemberg (1953) plaziert den Sonn- und Feiertagsartikel sogar ganz grundsätzlich im Abschnitt „Mensch und Staat" (Art. 3) und ordnet ihn damit der „*conditio humana*" zu[135].

---

[129] Vgl. oben Anm. 7 das Zitat von *Teufel;* siehe auch *R. Guardini,* Der Sonntag, 1957, S. 16: Sabbat als „Tag, an welchem der Mensch seiner Würde inne wird: daß er Gottes Geschöpf ist trotz allem".

[130] Dazu *P. Häberle,* Das Menschenbild im Verfassungsstaat, 1988.

[131] Z. B. Art. 147 Verf. Bayern, Art. 47 Verf. Rheinland-Pfalz, Art. 41 Saar.

[132] Z. B. Art. 55 Verf. Bremen.

[133] Dazu *P. Häberle,* Feiertagsgarantien, 1987, S. 20 ff.

[134] Vgl. auch *Richardi* (oben Anm. 9), S. 58, 113.

[135] Zur „notwendigen Gemeinsamkeit" des Sonntags: *Däubler* (oben Anm. 9), S. 5: „Gewollt ist nicht nur ein Ausruhen von der Erwerbsarbeit, sondern auch die Gleichzeitigkeit dieses Vorgangs für möglichst viele Mitglieder der Gesellschaft." Ebd. auch treffende Hinweise auf wichtige Funktionen des Sonntags („kommunikative Bedürfnisse"), u. a.: bestimmte Teile des Sonntags als „Tabuzonen", „Koordination" von Freizeitaktivitäten, gemeinsame Freizeit als Voraussetzung eines

I. Sonntage, Sonntagskultur, Sonntagsverhalten

Mögen all diese Bezüge bzw. die Näheverhältnisse variieren, dem positivistisch arbeitenden Juristen noch nicht genügen, sie sind gewiß „Topoi" in der kulturwissenschaftlichen Hintergrundfrage, ob und welche „Sonntagskultur"[136] es gibt, ob sie in unserer Verfassung geschützt ist, den Gesetzgeber verfassungskräftig bindet und wie die Schutzaufträge vom Staat praktisch einzulösen sind.

Der *Jurist* kann mit den begrenzten Mitteln seiner Rechtssprache und in den an das äußere Erscheinungsbild anknüpfenden Methoden seiner Disziplin das Spezifische des Sonntags und der Feiertage nur „oberflächlich", punktuell umschreiben, nicht in der Tiefe und nicht im ganzen – schon das Wort „seelische Erhebung" bzw. „Erbauung" ist ein Wagnis! Er tut dies – als *Gesetzgeber* – in Stichworten wie „äußere Ruhe", allgemeine Arbeitsruhe, Verbot „öffentlich bemerkbarer Arbeiten", keine Störung der Gottesdienste, Verbot von Tätigkeiten, die dem Wesen oder („ernsten") „Charakter" des Sonn- und Feiertags widersprechen – alles Tatbestandselemente aus dem Instrumentarium des Gesetzgebers, die schon deshalb abstrakt-generell bleiben und meist negativ ausgrenzend vorgehen. Eine niederere Konkretisierungsstufe ist allenfalls in den speziellen Verboten etwa von öffentlichen Tanz- und Sport-, öffentlichen Unterhaltungsveranstaltungen, Messen und Märkten, Treibjagden (mit intensiven Verboten an „stillen", „ernsten" Tagen wie dem Volkstrauertag) etc. erreicht. Das *Ganze* des Sonn- und Feiertags kann der Jurist schon deshalb nicht positiv einfangen, da Recht *begrenzte* Ordnung ist und es als solche die Fülle der Wirklichkeit nicht einmal eines einzigen Tages (Sonn- oder Feiertag) zu fassen vermag. Die die gesetzlichen Tatbestände konkretisierende *Rechtsprechung* arbeitet noch ein Stück sach- und fallnäher als der Gesetzgeber. Sie muß und kann es tun. In ihr klingen darum Dimensionen, Bezüge und Inhalte an, die das „rein Juristische" fast schon transzendieren und auf Gehalte der Sonn- und Feiertage verweisen, die heute in der nicht-juristischen Diskussion mit Begriffen wie *„Sonntagskultur"* umrissen werden. Erinnert sei an Urteilspassagen wie: „mit dem zu wahrenden äußeren Erscheinungsbild der Sonn- und Feiertage ist die normale Werktagsarbeit und der für den Werktag typi-

---

funktionierenden Familienlebens, sozialpsychologische Folgen des gemeinsamen Wochenendes. – Zum Sonntag als „Familientag" zuletzt FAZ v. 8. 11. 1988 S. 13.

[136] Siehe auch A. *Hollerbach*, in: P. Feuchte (Hrsg.), Verfassung des Landes Baden-Württemberg, 1987, Art. 3 Rdnr. 9: Sonn- und Feiertage als „notwendige Bestandteile der öffentlichen Ordnung und der politischen Kultur".

sche Betrieb von Geschäften unvereinbar"[137], die „Beurteilung, was der besonderen Natur der Sonn- und Feiertage widerspricht und geeignet ist, die äußere Ruhe dieser Tage zu stören, unterliegt gewiß dem Wandel der Zeit. Es können jedoch nicht Gleichgültigkeit gegenüber dem besonderen Charakter der Sonn- und Feiertage ... zum Maßstabe genommen werden"[138]. Besonders weit in die vom Juristen kaum oder doch nur schwer definierbare Sonn- und Feiertagskultur rückt der *BayVGH* in der Sentenz vor[139]:

„ ... dient das FTG über den akustischen Ruheschutz hinaus auch sozialphysischen und sozialpsychischen Zwecken. Es will ganz allgemein den werktätigen Arbeitsprozeß von äußerlich in Erscheinung tretenden Arbeiten unterbrechen. Dadurch will es gewährleisten, daß der einzelne Werktätige ungestört von äußeren Einflüssen und inneren Skrupeln sich von den Anstrengungen des werktäglichen Gelderwerbs und Konkurrenzdrucks entspannt. Dem Wissen um die für alle geltenden Arbeitsruhe kommt dabei besondere Bedeutung zu. Erst dieses Wissen stellt den einzelnen nämlich von den Zwängen des Werktags frei und versetzt ihn in die Lage, unbelastet seinen persönlichen Interessen durch Teilnahme an kirchlichen, kulturellen und gesellschaftlichen Veranstaltungen, durch Vergnügungen, Pflege und Liebhabereien und in jeder sonstigen Weise nachzugehen, die nur nicht in werktäglicher Arbeit bestehen darf"[140].

---

[137] *OVG Hamburg*, GewArch 1985, S. 308 (309) m. w. Nachw.

[138] *OVG Hamburg*, ebd. – Zu verwandten Figuren des „aufgeschlossenen Durchschnittsmenschen" in anderen normativen Gemeinwohlfragen: *P. Häberle*, Öffentliches Interesse als juristisches Problem, 1970, S. 410 ff., 425 ff.

[139] GewArch 1985, S. 309 (310).

[140] Treffend auch *OVG Rheinland-Pfalz*, GewArch 1985, S. 350 („Der gewerbsmäßige Verleih von Videofilmen ist an Sonn- und Feiertagen auch im Rahmen eines Tankstellenbetriebs unzulässig"): „Mit dem Zustand der äußeren Ruhe bezeichnet das Gesetz eine im öffentlichen Leben spürbare Unterbrechung des werktäglichen Arbeitsprozesses ... ‚Sonn- und Feiertags'-Charakter des Besonderen, nämlich ein Nicht-Werktag zu sein, der der Ruhe und Entspannung dient und die Menschen aus ihrem Alltag herauslöst. Dieser tiefere Sinn der Sonn- und Feiertage kann nur erreicht werden, wenn sich nicht nur der einzelne für sich genommen von seiner Werktagsarbeit distanziert, sondern wenn an diesen Tagen die Arbeit allgemein unterbleibt. Es soll insgesamt gewährleistet sein, daß jeder Bürger ungestört von äußeren Einflüssen, aber auch frei von inneren Skrupeln seinen Freizeitbedürfnissen nachgehen kann, wobei in diesem Zusammenhang nicht zuletzt dem Wissen um die für alle geltende Arbeitsruhe Bedeutung zukommt. Denn erst dieses Wissen stellt den einzelnen wirklich von den Zwängen des Werktags frei und versetzt ihn in die Lage, unbelästigt seinen persönlichen Neigungen gemäß an kirchlichen, kulturellen oder gesellschaftlichen Veranstaltungen teilzunehmen bzw. seinen sonstigen Interessen nachzugehen, soweit diese nicht die Merkmale täglicher Arbeit aufweisen ...".

I. Sonntage, Sonntagskultur, Sonntagsverhalten

Der geglückte Begriff Dienst an „zeitgebundenen Freizeitbedürfnissen", den die Rechtsprechung für an Sonn- und Feiertagen erlaubte Geschäftsbetriebe wie Blumengeschäfte, Cafés, Tankstellen, Kinos, Bootsverleihe oder Skilifte für „Freizeitbedürfnisse des Publikums" geschaffen hat[141], gehört ebenfalls hierher, er hilft eine Ausweitung der Ausnahmen vom Arbeitsverbot (etwa für gewerblichen Videofilmverleih) zu unterbinden. Ins Sozialpsychische dringt die Judikatur auch dort vor, wo sie von „allgemeiner sonntäglicher Stimmung", „innerer Sammlung" sowie „Entspannung vom beruflichen Konkurrenzkampf" spricht[142]. Und das *BVerwG*[143] ringt um die soziale, institutionelle und kulturelle Tiefen- oder Höhendimension der Sonn- und Feiertage, wenn es formuliert:

> „Schutzgut des Art. 140 GG, 139 WRV ist ... die Institution des Sonntags und der Feiertage als Tage der Arbeitsruhe und der seelischen Erhebung, die als ein Grundelement sozialen Zusammenlebens und staatlicher Ordnung verfassungskräftig gewährleistet und dem Schutz der Gesetze überantwortet ist" ... „diese Zweckbestimmung (sc. der Arbeitsruhe und seelischen Erhebung) kann nur verwirklicht werden, wenn die werktäglichen Bindungen und Zwänge entfallen und es den einzelnen dadurch möglich wird, den Sonntag und die Feiertage im sozialen Zusammenleben nach ihren vielfältigen und unterschiedlichen individuellen Bedürfnissen allein oder in der Gemeinschaft mit anderen ungehindert von den werktäglichen Verpflichtungen und Beanspruchungen zu begehen. Diese Zweckbestimmung des Sonntags beschränkt sich ... nicht auf den Arbeitsschutz und die Abwehr von Störungen der Religionsausübung" (!). ... „Der Schutz der Sonn- und Feiertage soll das öffentliche Leben soweit möglich seiner werktäglichen Elemente entkleiden und dadurch die Begehung der Sonn- und Feiertage als Nicht-Werktage ermöglichen. Er erfüllt diesen Zweck nur, wenn an den geschützten Tagen die werktägliche Geschäftigkeit ruht, sofern sie nicht gerade zur Befriedigung sonntäglicher (nicht-werktäglicher) Bedürfnisse erforderlich ... ist."

Die heutige publizistische Diskussion um den Sonntag etwa in Denkschriften der Kirchen, Stellungnahmen von Sozialwissenschaftlern, anderen Ausdrucksformen der pluralistischen Öffentlichkeit schließt fast nahtlos an diese höchstrichterlichen Umschreibungen der Sonn- und Fei-

---

[141] BayVGH, a.a.O.
[142] *OLG Hamm*, GewArch 1985, S. 311. Treffend *BayObLG* GewArch 1985, S. 143 (144): „Weite Kreise der Bevölkerung werden in dem Bewußtsein gestört, daß Sonn- und Feiertage für alle verbindliche Ruhetage sind, die in der für die Lebensqualität und die Gesundheit so wichtigen Atmosphäre der äußeren und inneren Ruhe genossen werden können."
[143] DVBl. 1988, S. 744 ff.

ertags*kultur* an. Sie arbeitet sprachlich und sachlich nur weniger juristisch (-formal) und bewußt oder unbewußt stärker kulturwissenschaftlich. Das sei anhand prägnanter Stichworte belegt: zugleich als Beitrag zur Anreicherung des Juristischen um seine kulturellen Kontexte.

Zunächst ist es der *Zeit-* bzw. *Rhythmus-Aspekt* und die durch ihn Mensch und Gemeinschaft vermittelte *Regelhaftigkeit* des Lebens, die das Plädoyer für den Sonntag als Grundsatz stützen, in Worten wie: Der fast auf der ganzen Welt anerkannte Wochenrhythmus sei geprägt vom Sonntag, der eine frühe soziale Errungenschaft bedeute und noch heute als Phase der Ruhe, der Gemeinschaft und der aktiven Freizeitgestaltung betrachtet werde (so die Gemeinsame Erklärung der drei christlichen Kirchen in der *Schweiz* von 1986[144]). Der Sonntag sei seit über tausend Jahren „das gemeinsame rhythmische Aussteigen aus der Welt der Sachzwänge"[145]. Der Sonntag stellt sich als unverzichtbare „kulturelle Synchronisation" nicht nur im Verfassungsstaat dar[146]. Er vergemeinschaftet den Menschen vom Zeitfaktor her, selbst dort und dann, wenn er ihn „allein" verbringt[147]. Ein „gleitender", zeitlich individuell verschieden plazierter Sonntag[148] (wie ihn etwa Rot-China versucht hatte), träfe den Menschen in seinem Zeiterleben, in seiner kulturellen Bedürfnislage nach Gemeinschaft in Familie, Nachbarschaft, Freundschaft, religiösen und sonstigen sozialen Beziehungen im Kern. Das im „gleichen Takt" Arbeiten und zur Ruhe finden[149] ist gemeinschaftsstiftend[150]; die *kollek-*

---

[144] Zit. bei *P. Häberle*, Feiertagsgarantien, 1987, S. 56.

[145] So *R. Spaemann*, zit. nach FAZ vom 22. 6. 1988, S. 6.

[146] Siehe schon meine Schrift Feiertagsgarantien, S. 59 Anm. 94.

[147] *J. P. Rinderspacher*, Am Ende der Woche, 1987, sieht in der Debatte um den freien Samstag ein Einfallstor für eine sehr viel umfassendere „zeitliche Reorganisation der Gesellschaft" (S. 103 ff.).

[148] Gegen die „gleitende Woche" im Interesse der Familie schon *R. Guardini*, Sonntag, 1957, S. 28. Siehe auch *ders.*, a.a.O., S. 32: „Der Sonntag ist nicht nur eine soziologische Einrichtung, die gegenüber technisch-wirtschaftlichen ‚Notwendigkeiten' unwesentlich würde, sondern ein wichtiges Organ im Gesamtleben." – Es käme zur „Entfremdung" vom Mitmenschen: in Familie und Verein.

[149] Dazu *A. Schnorbus*, Nicht alle Tage ist Sonntag, FAZ vom 26. 3. 1988, S. 13. *A. Mattner*, Sonn- und Feiertagsrecht, 1988, S. 47 ff. gewinnt unter „arbeitsphysiologischen Erkenntnissen" aus dem Begriff „Arbeitsruhe" zwei Gebote: „zulässig sind nur unbedingt notwendige Arbeiten, die in ihrer Gesamtheit nicht dazu führen, daß die Mehrzahl der Bevölkerung an Sonntagen arbeitet" und „es muß gewährleistet sein, daß der Arbeitsrhythmus des einzelnen zumindest überwiegend an Sonntagen unterbrochen ist (Sozialsynchronisation)".

I. Sonntage, Sonntagskultur, Sonntagsverhalten 55

tive Unterbrechung der Arbeit ist das Sonntägliche. Der Sonntag muß als solcher „öffentlich bemerkbar" sein.

Der Sonntag ist auf eine Weise ein „kulturelles Teilhaberecht" des Einzelnen und der Gruppen, vermittelt durch seine gesicherte Teilnahme am Wochenrhythmus zwischen Sonn- und Werktagen[151]. Der Sonntag betrifft den Menschen in seiner kulturellen Existenz. Vielleicht darf man den einheitlichen Sieben-Tage-Rhythmus sogar zum natürlichen, „biologischen Rhythmus" des Menschen rechnen, der in eineinhalb Jahrtausenden zum kulturellen internalisiert worden ist! Und nicht nur Heiterkeit sollte das Ergebnis einer sog. Repräsentativumfrage des BAT-Freizeit-Forschungsinstituts in Hamburg auslösen, wonach der Sonntag für 2,4 Millionen Deutsche „Schmusetag" sei[152]. Neue Gestaltungsformen des Sonntags können sich in dem Maße herausbilden, wie sich der Arbeitsbegriff wandelt bzw. erweitert.

Das sonntägliche Innehalten, zunächst nur als Ruhe *von* werktäglicher Arbeit verstanden, eröffnet Wege *zu* einer Vielfalt von anderem. Die verschiedenen Pluralgruppen der offenen Gesellschaft setzen hier argumentatorisch je auf ihre Weise ein. Die Christen formulieren mit ihrer christlichen Sonntagstradition[153] in den Worten der Gemeinsamen Erklärung der beiden deutschen Kirchen „Unsere Verantwortung für den Sonntag"

---

[150] Siehe auch *J. P. Rinderspacher*, Wege der Verzeitlichung, in: D. Henckel (Hrsg.), Arbeitszeit, Betriebszeit, Freizeit, 1988, S. 23 (49): „Außer diesen alltagspraktischen Erfordernissen hat die kollektive Wochenendruhe eine allgemein sozialintegrative Funktion. Mit der Anerkennung des zeitlichen Reglements erfolgt zugleich eine Anerkennung gesellschaftlicher Grundwerte. Zudem bieten die kollektiven Ruhenormen Schutz vor Selbstausbeutung und uneingeschränktem Wettbewerb. Schließlich ist die Animationsfunktion des Wochenendes zu beachten. Die Herausgehobenheit der kollektiven Wochenendruhe stiftet Anlässe für soziale Kontakte und Interaktion."

[151] Dazu *Richardi* (oben Anm. 9), der die Sonntagsgarantie als „kulturelles Element" qualifiziert, S. 62, 115; *ders.*, ebd., S. 45, 113, zum „Wochenrhythmus".

[152] Zit. nach Nordbayerischer Kurier von 17.8.1988, S. 3. Danach bleibt für das Faulenzen (13 Millionen) und die Familie (13,5) der *Sonntag* reserviert, der *Samstag* ist für 10 Millionen der Hauptausgehtag. Der Sonntag wird auch als Besuchs- und Lesetag praktiziert. Insgesamt ist die Freizeit gut und regelmäßig über die Woche „eingeteilt".

[153] Zum ersten staatlichen Gesetz zum Schutz des Sonntags, durch das bestimmte Tätigkeiten verboten wurden (*Konstantin* der Große: im Jahre 321): *G. Dirksen* (oben Anm. 79), S. 8f.; siehe auch *A. Mattner*, Sonn- und Feiertagsrecht, 1988, S. 17f.

von 1988[154]: „Die Feier des Sonntags ermöglicht den Menschen eine elementare Sinnerfahrung." Gedacht ist an die religiöse, doch nicht allein an sie: Die beiden Kirchen sprechen nicht nur vom „religiösen Sinn des Sonntags als Tag des Herren" (ebd.), sie meinen auch den „kulturellen Wert für unser Volk", gipfelnd in dem Satz: „Die Sonntagsruhe ist ein Zentralwert unserer Kultur." Diese Öffnung zu nichtchristlichen, säkularen Sonntagsverständnissen hin erlaubt einen Brückenschlag zu den anderen gesellschaftlich relevanten Gruppen (z.B. den Gewerkschaften), die dem Sonntag *ihren* Sinn geben, einen ebenfalls gegen die Verabsolutierung von Wirtschaft und Technik gerichteten. Und die Kirchen bewahren oder retten·so ihr religiöses Verständnis, indem sie es ins Kulturelle hinübernehmen: Sie verweisen auf die „wichtige soziale und kulturelle Bedeutung des Sonntags". Sie sprechen von der „Bedeutung dieses Tages für unser Leben, für unsere Familie und für unsere Kultur"[155]; sie erklären: „Wichtig für die Gestaltung des Sonntags sind Gemeinschaft und Gemeinsamkeit mit anderen, Austausch, Umgang und Gespräch" (in der Familie, mit Freunden, Verwandten und Bekannten) – man könnte dies das *kommunikative* Moment der Sonntagskultur nennen! Die beiden Kirchen reichern schließlich den Sonntag als Tag des bloßen Ausruhens von ermüdender Arbeit an um das Element der „Muße und Erholung". „Muße ist eine schöpferische Ruhe von der ständigen Beanspruchung und dem Streß des Alltags. Sonntagsheiligung ist Besinnung und Bewußtwerden des Sinns unseres Daseins." „An Sonn- und Feiertagen sollten wir das tun, was uns Erholung und Freude bereitet. Dazu gehören die Besinnung, die innere Einkehr, die schöpferische Entfaltung, die Erbauung, das Zu-sich-selbst-Kommen und Abstand-Gewinnen, aber auch das gemeinsame Spiel, die Zerstreuung, die bereichernde Unterhaltung und der spielerische Wettbewerb." Die *„conditio humana"* klingt schließlich an in der Wendung: „Es wäre ein kultureller

---

[154] Zit. nach FR vom 13.2.1988, S. 10.

[155] Siehe auch Bischof *K. Lehmann*, Hirtenwort Freiwerden für Gott und Freisein für die Menschen, Vom Sinn des Sonntags, 1987, S. 9: „Die Kirche bittet darum die Wirtschaft, im Interesse der arbeitenden Menschen und ihrer Familien die Kultur des Sonntags zu wahren und den Staat, im Namen der Menschlichkeit die bestehenden Verfassungsgebote zu achten und die Grenzen der notwendigen Ausnahmen eng zu ziehen." Von „vielfältiger Sonntagskultur", vom „lebenswichtigen Kulturgut Sonntag", von „Gemeinschaftsformen einer Sonntagskultur" spricht das Zentralkomitee der Deutschen Katholiken in seiner Erklärung „Zukunft des christlichen Sonntags in der modernen Gesellschaft", 1988, S. 23, 27. – *J. Blank*, Wenn wir den Sonntag verkaufen, CiG 40 (1988), S. 405f.

Rückschritt, wollten wir die stärkere Berücksichtigung von Freiräumen und humanen Werten im Arbeitsleben, die durch die moderne Technik mit ihren entlastenden Wirkungen für den Menschen ermöglicht werden, gerade jetzt wieder rückgängig machen." Der *Menschenwürdebezug* wird manifest in dem Schlußsatz der Gemeinsamen Erklärung: Sonntag „der Tag des Herrn, als ein Tag für den Menschen, ein Tag, der dazu dienen soll, daß der Mensch seine Würde und seine Bestimmung erfährt". Dieses Hochhalten des Sonntags in seiner Kulturwertigkeit bedeutet erklärtermaßen und in der Konsequenz eine Frontstellung gegen das verabsolutierte ökonomische Denken, das die Ausnahmen vom sonntäglichen Arbeitsverbot ausweiten will. Die „Erklärung" läßt dies immer wieder durchblicken, so in den Worten: „Produktion und ebenso ein erfolgreiches Wirtschaften sind wichtig, aber sie dürfen nicht auf Kosten einer humanen Lebensgestaltung, auf die uns das Gebot Gottes verweist, gehen." „Rein wirtschaftliche Gesichtspunkte können keine Ausnahmegenehmigungen vom Verbot der Sonntagsarbeit rechtfertigen" – das *ökonomie-kritische Argument,* das sich auch gegen eine immer anspruchsvoller und gefräßiger werdende Freizeitgesellschaft richtet[156]. Vom Menschenwürdebezug des Sonntags aus erscheint es m. E. konsequent, ihn als Teil „gerechter (bzw. humaner) Arbeitsbedingungen" zu qualifizieren (vgl. etwa Art. 2 Abs. 5 ESC!)[157]. Vor einer „menschenverachtenden Industriediktatur" *(O. Kimminich)* ist jedenfalls zu warnen.

Beifall verdienen: die ganzheitliche Betrachtung des Sonntags, der Brückenschlag zu anderen, nicht spezifisch christlichen Werten, die kulturelle Einordnung des Sonntags, seine bezugs- und facettenreiche Deutung (Ruhe, Muße, Spiel), die Anerkennung seiner auf das Individuum bezogenen und seiner gemeinschaftsstiftenden Funktion, seines Menschenwürdebezugs. Die „Erklärung" ist „realistisch" und „idealistisch"

---

[156] Vgl. auch Bischof *U. Wilckens,* Ein Leben für die Arbeit?, „Die Zeit" vom 18.3.1988, S. 38: „Interessen der Arbeitswelt dürfen nicht Vorrang erlangen vor dem entscheidenden Interesse der Bewahrung und Kultur gemeinsamer Freizeit, wie sie allein der Sonntag als Mußetag ermöglicht."

[157] Vgl. Art. 2 Abs. 5 Europäische Sozialcharta (1961, zit. nach *P. C. Mayer-Tasch,* Die Verfassungen der nicht-kommunistischen Staaten Europas, 2. Aufl. 1975, S. 811 ff.): „Um die wirksame Ausübung des Rechtes auf gerechte Arbeitsbedingungen zu gewährleisten, verpflichten sich die Vertragsparteien, ... 2. bezahlte öffentliche Feiertage vorzusehen; ... 5. eine wöchentliche Ruhezeit sicherzustellen, die, soweit möglich, mit dem Tag zusammenfällt, der in dem betreffenden Land oder Bezirk durch Herkommen oder Brauch als Ruhetag anerkannt ist." – Dazu auch *Däubler* (oben Anm. 9), S. 10.

zugleich: *realistisch,* insofern sie die heutigen *Gefahren* für den Sonntag nennt: „rein wirtschaftliche Gesichtspunkte", Veränderungen im Freizeitverhalten der Bevölkerung, steigende Nachfrage nach freizeitbezogenen Dienstleistungen, aber auch starke Vermehrung von Verkaufsmessen, Sportveranstaltungen, Ausstellungen, Märkten und Volksfesten zu „mehr und mehr rein kommerziellen Zwecken", Deutung des Sonntags als „Last"; *idealistisch* ist die Erklärung, insofern sie das Geistige, Ethische, Humane, Kulturelle, die Chance der Sinnfindung betont.

Die Gemeinsame Erklärung der Kirchen wurde hier deshalb ausführlich wiedergegeben und kommentiert, weil sie die bislang umfassendste Behandlung des Sonntags darstellt. Methodisch arbeitet sie ganzheitlich und mehrdimensional, offen gegenüber den Erkenntnissen vieler Wissenschaften; sie nennt wohl alle einschlägigen Gesichtspunkte, die *für* den Sonntag und gegen seine „Aushöhlung" sprechen. Die sonstigen Stellungnahmen im Für und Wider heben nur einzelne Aspekte besonders heraus. Das Argumentationsmuster aber ist letztlich dasselbe: es führt in *kulturanthropologische* Bezirke[158].

„*Sonntagskultur*" hat also viele Dimensionen und „Gesichter": sie reicht ins Familiäre, Gesellschaftliche, Soziale und ins Künstlerische. Sie besitzt ihre irdischen Bezüge und ihre transzendenten, religiösen. Das traditionelle „Grau des Alltags" wird durch volkstümliche und poetische Begriffe wie „Sonntagsputz", „Sonntagskleidung", „Sonntagsmiene",

---

[158] Treffend etwa Bischof *U. Wilckens,* Ein Leben für die Arbeit?, in: „Die Zeit" vom 18.3.1988, S. 38: „... Wert des Sonntags ... als Tag gemeinsamer Muße, die der Pflege der Gemeinschaft und gegenseitiger Teilnahme und Teilhabe dienen soll. Anders gesagt: als Tag einer Kultur der Muße, in der, herausgenommen aus dem Arbeitsprozeß des Alltags, zur Entfaltung und Gestaltung kommen kann, wozu die Arbeit eigentlich dienen soll – die Menschlichkeit gemeinsamen Lebens." – *E. Breit,* Wes Herren Tag?: „Die Zeit" vom 26.2.1988, S. 23: „Das Wochenende insgesamt und der Sonntag im besonderen prägen den Lebensrhythmus unserer Gesellschaft inzwischen so tief, daß es größerer Erschütterungen bedürfte als der des Mikrochips, um diese „Gesellschaftsordnung" aus den Fugen geraten zu lassen. Kirchen, Sport, Kultur, Politik, Vereine und Familien, sie alle haben das Wochenende zum Fixpunkt. In einer Gesellschaft, die sich nicht mehr verabreden, nicht mehr treffen kann, weil sie über keine gemeinsame freie Zeit verfügt, würden sich Isolierung und Anonymität wesentlich verstärken. Der allseits mobile und allzeit flexible Single kann nicht die Idealfigur des Bundesbürgers sein". – Ein Wissenschaftler wie *J. P. Rinderspacher* spricht vom Wochenende (und damit auch vom Sonntag) als nicht antastbarem Symbol für familiäre, religiöse und kulturelle Gemeinsamkeiten (so *J. P. Rinderspacher* vor dem bayer. Landtag, 1987, zit. nach Nordbayerischer Kurier vom 13.3.1987, S. 5).

I. Sonntage, Sonntagskultur, Sonntagsverhalten

„Sonntagsspaziergang" und „Sonntagskind" farbig[159]. Im „Sonntag" schwingt noch heute etwas von „Freudentag" nach. Und diese Sonntagskultur hat in *Erich Kästner*[160] einen augenzwinkernden, in der *Droste-Hülshoff* und in *E. Mörike*[161] klassischen Ausdruck gefunden, zuvor schon bei *L. Uhland* und *T. Fontane*[162]. Welche *dichterischen* Ausdrucksformen haben die heutigen Sonntagserlebnisse in *unserer* Zeit hervorgebracht[162a]?

[159] Begriffe, z.T. auch zit. bei *A. Schnorbus*, Nicht alle Tage ist Sonntag, FAZ vom 26.3.1988, S. 13.

[160] *Erich Kästners* „Kleine Sonntagspredigt" (zit. auch bei *C. Graf von Krokkow*, in: „Die Zeit" vom 26.2.1988, S. 69): „Eifersucht und Niedertracht schweigen fast die ganze Woche! / Aber Sonntag früh bis nacht / machen sie direkt Epoche. / Sonst hat niemand Zeit dazu, / sich mit so was zu befassen. / Aber sonntags hat man Ruh, und man kann sich gehenlassen. / Endlich hat man einmal Zeit, / geht spazieren, steht herum, / sucht mit seiner Gattin Streit / und bringt sie alle um." – Die *klassische Sonntags-Stimmung* beschreibt *E. Kästner*, Kleine Stadt am Sonntagmorgen (zit. nach Gedichte, Reclam, 1987, S. 29): „Das Wetter ist recht gut geraten. / Der Kirchturm träumt vom lieben Gott. / Die Stadt riecht ganz und gar nach Braten / und auch ein bißchen nach Kompott. – Am Sonntag darf man lange schlafen. / Die Gassen sind so gut wie leer. / Zwei alte Tanten, die sich trafen, / bestreiten rüstig den Verkehr. – Sie führen wieder mal die alten Gespräche, denn das hält gesund. / Die Fenster gähnen sanft und halten / sich die Gardinen vor den Mund." – „... Die Stunden machen kleine Schritte und heben ihre Füße kaum. / Die Langeweile macht Visite. / Die Tanten flüstern über Dritte. / Und drüben auf des Marktes Mitte / schnarcht leise der Kastanienbaum" (1936).

[161] Auch *große* Dichtkunst befaßt sich mit dem Sonntag, so das Gedicht „Des alten Pfarrers Woche" von *Anette von Droste-Hülshoff* mit Passagen wie: „Ach Gott! nur wer jahraus, jahrein / in andrer Dienste allein, weiß, was es heißt, beim Sonntagswein / sich auch ein wenig pflegen." Und: „Ja, wenn ich bin entladen / der Woche Last und Pein, / dann führe, Gott, der Milde, / das Werk nach deinem Bilde / in deinen Sonntag ein." – Oder *E. Mörikes* Sentenz in „Der alte Turmhahn": „Jetzt ist der liebe Sonntag da. / Es läut't / zur Kirchen fern und nah. / Man orgelt schon; mir wird dabei / als säß' ich in der Sakristei, / Es ist kein Mensch im ganzen Haus; / ein Mücklein hör' ich, eine Maus. / Die Sonne sich ins Fenster schleicht..."

[162] *Ludwig Uhland:* Schäfers Sonntagslied: „Das ist der Tag des Herrn! / Ich bin allein auf weiter Flur; / Noch eine Morgenglocke nur, / Nun Stille nah und fern. / – Anbetend knie ich hier. / O süßes Grauen! geheimes Wehn! / Als knieten viele ungesehn / Und beteten mit mir. / – Der Himmel nah und fern, / Er ist so klar und feierlich, / So ganz, als wollt er öffnen sich. / Das ist der Tag des Herrn!" – *Theodor Fontane*, Glück: „Sonntagsruhe, Dorfesstille, / Kind und Knecht und Magd sind aus, / Unterm Herde nur die Grille / Musizieret durch das Haus. / – Tür und Fenster blieben offen, / Denn es schweigen Luft und Wind, / In uns schweigen Wunsch und Hoffen, / Weil wir ganz im Glücke sind. – / Felder rings – ein Gottessegen / Hügelauf- und -niederwärts, / Und auf stillen Gnadenwegen / Stieg auch uns er in das Herz."

[162a] Siehe immerhin *T. Troll*, Deutschland deine Schwaben, 1987, S. 48: „... die sonntichs in Sidnei gwä send" – als „schwäbisches Erzählgut".

Ein Wort aber zu den *Einwänden,* die den Sonntag (auch die Sonntags-Idylle) heute in Frage stellen bzw. gestellt sehen. So meint etwa *E. K. Scheuch*[163]: „Es gibt längst keine Sonntagskultur mehr, in deren Zentrum die Religiosität stünde ... Der Sonntag ist heute ein Tag apart als Teil unserer Freizeitkultur." Und noch provokativer: „‚Heilig' ist höchstens ein Wochenende, und ‚heilig' ist ausreichend Freizeit", „Samstag und Sonntag sind auswechselbar geworden", „Bei der Arbeitszeitpolitik sollte das Jahr als Einheit gesehen werden, wie es bei den meisten Erwerbstätigen bereits bei ihrer Planung geschieht", „Daneben gilt als wichtigste Planung eher der Monat als die Woche".

Eine andere Stimme[164] verweist auf die Tendenz zur Zunahme der Sonn- und Feiertagsarbeit im Gesundheitswesen, in Restaurants, Freizeitparks und anderen organisierten Wochenendveranstaltungen, auf die ökonomischen Zwänge aus hohen Kapitalinvestitionen und spricht von der „paradoxen Situation, daß die Wochenarbeitszeitverkürzung mit vollem Lohnausgleich die Verlängerung der Betriebszeiten und Sonntagsarbeit aus ökonomischen Gründen zusätzlich forciert, ja geradezu herausfordert"[165,166].

Diese Stimmen sind ernst zu nehmen[167], vor allem als Frage nach dem *„kulturellen Wandel",* dem der Sonntag „als Kultur" gewiß ebenfalls unterliegt und den die expandierende „Freizeitkultur" mit bewirkt. Doch

---

[163] *E. K. Scheuch,* Heilig ist nur die Freizeit, Der Sonntag hat seine Sonderstellung weitgehend verloren, in: „Die Zeit" vom 4.3.1988, S. 35.

[164] *H.-T. Beyer,* Mit zweierlei Maß, Die Gegner der Sonntagsarbeit in der Industrie sind inkonsequent, in: „Die Zeit" vom 11.3.1988, S. 41.

[165] Etwas vorsichtiger klingt das Resümee: „Generelle Sonntagsarbeit steht auch aus ökonomischen Gründen niemals zur Diskussion. Doch eine human gestaltete, gelegentliche Feiertagsarbeit mit freiwilligen Interessenten ist ökonomisch unerläßlich und wird es auch bleiben. Das ist kein Privileg der Maschine gegenüber den Menschen, sondern ein Kompromiß aus erwünschter Humanität und notwendiger Effizienz – Grundlage unseres Wohlstandes und unserer Zufriedenheit."

[166] Übrigens werden bislang Nacht- und Sonntagsarbeit durch Freizeitausgleich und fehlende Besteuerung „versüßt". Wenn im Rahmen der Steuerreform Nacht- und Sonntagsarbeit *besteuert* werden sollten, so ist dies ein Stück mittelbarer Sonntagsschutz via Steuerrecht. Die deutschen Verleger plädierten jüngst für eine „mindere Besteuerung" (Nordbayerischer Kurier vom 19.4.1988, S. 2).

[167] Die „Wirtschaft" darf ja nicht einfach gering geachtet werden; ihr Wert gerade auch für das „Durchhaltenkönnen" des Sonntags sei nicht bestritten. Fairerweise muß man daran erinnern, daß eine „florierende Wirtschaft" Grundlage für eigenverantwortliche Lebensgestaltung ist (vgl. *H. Wagner,* VVDStRL 27 (1969), S. 47 (72)).

II. Das grundrechtsorientierte Sonntagsverständnis   61

zum einen hat der Sonntag nach wie vor Sonderstellung, und zum anderen gibt es *Grenzen* kulturellen Wandels: die Verfassung bzw. ihr Sonntagsprinzip kann eine solche markieren und Mahnung an die Beteiligten sein, aus guten Gründen nicht alles dem Wandel zu unterwerfen[168]! Der Sonntag ist ein Stück „kulturellen Erbes" in Deutschland.

II. Die „Positiv-Seite" des Sonntags – das grundrechtsorientierte Sonntagsverständnis – der Verfassungskompromiß

1. Die Positiv-Seite des Sonntags

Rechtsprechung und Literatur sind seit langem primär mit der Erarbeitung der „*Negativ*seite" des Sonntags bzw. der Feiertage beschäftigt: mit der Frage, wie das grundsätzliche Arbeits*verbot* auszulegen ist, also was Arbeits„ruhe" praktisch heißt. Doch fehlt es an prinzipieller Behandlung des „*Positiven*" des Sonntags, d.h. dessen, was Sonntags*kultur* meint, was *gelebter, erlebter*, ja „*erfüllter*" Sonntag ist. Diese Dimension des Sonntags muß ganzheitlich erschlossen werden und zwar sowohl aus positivrechtlichen Normen und ihrer Anwendung in Verwaltung und Judikatur als auch aus dem über das Normative hinausgehende Sozio-Kulturellen. Das Prinzip „Sonntag" hat nicht nur „Normativität", es hat auch „Normalität", gesellschaftliche Wirklichkeit; beides ist nicht identisch, vielmehr oft recht spannungsvoll.

Listet man die „positiven Dimensionen" des Sonntags, also das Gesamte der Sonntags*kultur* auf, so ergibt sich beispielhaft folgendes Bild:

(1) Arbeiten, die ausnahmsweise erlaubt sind, die den Grundsatz der Arbeitsruhe durchbrechen (§§ 105c ff. GewO, Ladenschlußrecht, Ausnahmen nach Sonn- und Feiertagsrecht[169]), sonstige Ausnahmen vom

---

[168] So stellt sich für den Sonntag immer wieder neu die *Wert*frage, die Frage nach seinem Sinn, nach dem Gewicht von Gewinn und Profit. Auch müssen „ethische Defizite" beim Namen genannt werden. Doch sei wiederholt, daß bei aller Volkssouveränität, Konsumentensouveränität, sonstigen „Souveränitäten" des Individuums (auch Verfügbarkeiten in Sachen Zeit) der Bürger in bezug auf den Sonntag *keine* „Zeitsouveränität" besitzt. Es gibt Grenzen für seine Beliebigkeiten: letztlich in seinem ureigensten Interesse am 7-Tage-Rhythmus, an der durch ihn vermittelten Stabilität. Der Sonn-/Werktagsrhythmus steht in übergreifend gemeinschaftlichen Zusammenhängen und er stiftet solche immer neu.

[169] Oben Erster Teil, II.

Arbeitsverbot, Freizeitverhalten samt freizeitorientierten Dienstleistungen gewerblicher und nicht gewerblicher Art;

(2) Aktivitäten, die nicht „öffentlich bemerkbar"[170] sind und insofern von vornherein nicht unter das Verbot der Sonntagsarbeit fallen (z.B. Hausarbeit, Pflege und Kindererziehung);

(3) Aktivitäten, die der (deutsche) Verfassungsstaat gezielt auf Sonntage (und Feiertage) legt, vor allem das *Wählen*, das eine spezifische Öffentlichkeit herstellt. Hierher gehört die Umsetzung der Feiertagsziele, die in einzelnen (Länder)Verfassungen normiert sind (z.B. Frieden, Völkerverständigung etc.[171]) und die der – politischen – Aktualisierung und ideellen Vergegenwärtigung bedürfen, auch und gerade im Verfassungsstaat, so sehr er es sich leisten können muß, das Ob und Wie in der Kompetenz der Bürger zu lassen.

Fragt man, aus welchen *grundrechtlichen Schutzbereichen* das Sonn- und Feiertagsverhalten der Bürger lebt, so kommen mehrere in Betracht:

Das Sinnelement „seelische Erhebung"[172] führt in die Grundrechtsfelder der Art. 4[173], 5 Abs. 1 und 3, auch 8, 9 Abs. 1 GG, jeweils individuell und kollektiv verstanden. Soweit die „Sonntagsruhe" den Rahmen abgibt für das Familienleben, ist Art. 6 GG berührt, ja „erfüllt" (Sonntagsschutz bildet insofern ein Stück Familienschutz, zumal wenn beide Elternteile sich aus wirtschaftlichen Gründen zur Sonntagsarbeit gezwungen sähen)[174]. *Sonntags*wirklichkeit erweist sich hier als ein Stück *Grundrechts-*

---

[170] Zu den „öffentlich bemerkbaren" Handlungen zuletzt *A. Mattner*, Sonntagsruhe..., NJW 1988, S. 2207 (2210f.).

[171] Z.B. Art. 32 Verf. Hessen, Art. 25 Verf. NRW.

[172] Treffend *A. Hollerbach*, in: P. Feuchte (Hrsg.), Verfassung des Landes Baden-Württemberg, 1987, Art. 3 Rdnr. 12 (im Blick auf Sonn- und Feiertage): „Das Ziel ‚Arbeitsruhe' steht ganz in gesellschaftspolitischer, inbesondere in sozial-, gesundheits- und familienpolitischer Perspektive." Zu „weiteren Formen der Erhebung", etwa der „Entfaltung geistiger und künstlerischer Kräfte" („Raum für Religion und Kultur") als Sinn des Sonn- und Feiertagsschutzes: *ders.*, a.a.O., Art. 3, Rdnr. 13.

[173] Vgl. *A. v. Campenhausen*, in: Nawiasky / Leusser / Schweiger / Zacher, Die Verfassung des Freistaats Bayern, Kommentar, 2. Aufl. 1976, Art. 147 Rdnr. 2: „Der von der Verfassung vorgeschriebene Sonntagsschutz ist vielmehr als Verwirklichung des Grundrechts der Religionsfreiheit ... zu werten" (unter Hinweis auf *J. Listl*, Das Grundrecht der Religionsfreiheit in der Rechtsprechung der Gerichte der BR Deutschland, 1972, S. 211).

[174] Allgemein *P. Häberle*, Verfassungsschutz der Familie, 1984.

II. Das grundrechtsorientierte Sonntagsverständnis

wirklichkeit[175]. „Erfüllung" des Sonntags ist so gesehen Erfüllung von Grundrechten, dies nicht im luftleeren Raum. Es gibt *Arbeiten* relativ weniger, die im *Dienste* der Grundrechtswirklichkeit vieler stehen: Veranstaltungen von Kunst und Wissenschaft, Tätigkeiten der Religionsdiener, Teile der Freizeitindustrie, Verkehrs- und Versorgungstätigkeiten. Mit diesem die *Grundrechts*seite in den Vordergrund rückenden Ansatz wird keine Harmonisierung der Konflikte im Rahmen des Sonntags beabsichtigt, diese bleiben hart. Eine Untersuchung der „Kollisionslagen" im Verhältnis zu Sonntagsschutz und Sonntagsruhe[176] ist aktuell; aber sie bildet nur die eine Seite. Versucht sei, Sonntagsrecht und Sonntagswirklichkeit stärker „verfassungserfüllt" zu sehen, sie in das Gesamte des GG intensiver einzuordnen, Grundrechtserfüllung „im" Sonntagsschutz zu sehen und die „Dialektik" von Arbeitsruhe und Aktivitäten, auch im Dienste der „seelischen Erhebung", bewußt zu machen. Der Sonntag ist ein Tag des „aufrechten Gangs", auch wenn man ihn z. T. „liegend" verbringen sollte(!): weil er den einzelnen aus seinen Arbeits- und Alltagszwängen befreit. Im Sonntags- und Feiertagsrecht verwirklicht sich ein Stück wesentlicher Normativität und Normalität der *Verfassung*. Ausgrenzung, Individualisierung, Freiheit „von" ist nur die eine, bislang überschätzte Seite. Die *soziale Begegnung* (in) der Gemeinschaft und (in) Teilgemeinschaften freier Bürger mit sich selbst und untereinander, die Grundrechte, über die dies geschieht, und die angebotenen Werte, in deren Zeichen dies möglich ist, erschließen erst den Sonntag „im-Sinne" der Verfassung ganz.

Speziell das Grundrecht der *Religionsfreiheit* (Art. 4 GG) wird zur Brücke, über die die bislang nicht vom staatlichen Recht berücksichtigten Feiertage im Einzelfall *Befreiungen* vom staatlichen Recht erzwingen[177]:

---

[175] Zu diesem grundrechtstheoretischen Ansatz: *P. Häberle*, Grundrechte im Leistungsstaat, VVDStRL 30 (1972), S. 43 ff.

[176] Dazu *A. Mattner*, Sonn- und Feiertagsrecht, 1988, S. 64 ff.; *ders.*, Sonntagsruhe..., NJW 1988, S. 2207 (2209 f.).

[177] Vgl. BVerwGE 42, 128: „Unter dem Gesichtspunkt des Gleichheitssatzes haben auch Angehörige anderer religiöser Gemeinschaften, die nach ihrer hinreichend objektivierbaren Glaubensüberzeugung sich zum biblischen Gebot der Sabbatheiligung bekennen, Anspruch auf die den Juden und Sieben-Tages-Adventisten eingeräumte Vergünstigung." Das BVerwG arbeitete in concreto nur mit dem Gleichheitssatz und ließ offen, ob ein Anspruch auf Befreiung der schulpflichtigen Kinder vom Schulunterricht an Samstagen unmittelbar aus Art. 4 Abs. 1 und 2 i. V. m. Art. 6 Abs. 2 folge. M. E. ist letzteres zu bejahen, Schutz religiöser Minderheiten.

zum Schutz „religiöser Interessen"[178]. Hier wird ebenfalls erkennbar, wie stark das Sonn- und Feiertagsrecht positiv im *Dienste* einzelner Grundrechte, konkret der Art. 4[179] und 6 GG steht. Erneut zeigt sich, wie intensiv das grundrechtsorientierte Sonn- und Feiertagsverfassungsrecht in die verschiedensten Gebiete des Rechts ausstrahlt: vom Gewerberecht und Ladenschluß- sowie Arbeitsrecht (AFG) über das Schulrecht bis zum Medienrecht (Stichwort: Werbeverbot an Sonn- und Feiertagen). Dabei kommt es zu vielen (Insich-)Konflikten der unterschiedlichsten Grundrechte, etwa den dem Grundrecht aus Art. 4 GG entsprechenden Freistellungen von der Arbeitspflicht.

Vielleicht darf man den *Konnex*zusammenhang zwischen „Grundrechtserfüllung" und Sonntagsgarantie speziell für Art. 4 GG sogar schon ins Praktische wenden: in Gestalt der Bejahung eines (einklagbaren) Grundrechts des Jedermann auf Einhaltung der Substanz des Sonntags in seiner *religiösen* Dimension. Die „Status-Richtung" des status negativus aus Art. 4 GG könnte sich hier mit der schutzrechtlichen, prozessualen und leistungsrechtlichen[180] verbinden[181].

Für diese Sicht ist es konsequent, wenn das Bad.-Württ. Landesmediengesetz von 1985 Werbung an Sonn- und Feiertagen für lokale und regionale Programme untersagt und § 22 Abs. 3 S. 2 Staatsvertrag ZDF von 1961 Werbesendungen an Sonntagen und an im ganzen Bundesgebiet anerkannten Feiertagen verbietet[182]: Der Mensch soll sich nicht in

---

[178] Dazu P. *Mikat,* Zur rechtlichen Bedeutung religiöser Interessen (1973), in: *ders.,* Religionsrechtliche Schriften, Band 1, 1974, S. 303 ff.

[179] Ein Parallelfall findet sich in BSGE 51, 70 (73): „Die Respektierung der von der Klägerin nach den Geboten ihrer Glaubensgemeinschaft einzuhaltenden Arbeitsruhe am Samstag ist daher grundsätzlich verfassungsrechtlich geboten." (Ausstrahlung des Art. 4 Abs. 2 GG auf die Auslegung des „wichtigen Grundes" zur Ablehnung des Arbeitsangebots i.S. des § 119 Abs. 1 S. 1 Nr. 2 AFG.)

[180] Zu diesen Dimensionen der komplexen Innen- und Außenstruktur der Grundrechte meine Diss. Die Wesensgehaltgarantie, 3. Aufl. 1983, S. 369 ff.

[181] Probleme dürften in dem Maße auftauchen, wie die BR Deutschland zu einer „multikulturellen Gesellschaft" spezifischer Art wegen der Erstarkung des Islams wird; vielleicht kommt es aber aus der starken Feiertagsheiligung der Religion des Islams sogar zu Rückwirkungen auf die westlichen Religionen.

[182] Es lohnte einmal, die Programme der Rundfunk- und Fernsehsendungen an Sonn- und Feiertagen mit denen an Werktagen zu vergleichen. Ist hier eine „Einebnung" zu beobachten? Ist das Sonntägliche wohl nur noch am Sonntag-*Vormittag* erkennbar? (Siehe immerhin das „Wort zum Sonntag" am Samstag Abend.)

II. Das grundrechtsorientierte Sonntagsverständnis

Gestalt der Massenmedien zum bloßen „Objekt der Mächte (sc. Massenmedien, Freizeitindustrie[183]) machen lassen"[184].

2. Das grundrechtsorientierte Sonn- und Feiertagsverständnis

Der Sonn- und Feiertagsschutz der Verfassung und der sie konkretisierenden Gesetze steht also *nicht nur* in einem *Konflikt*verhältnis zu bestimmten Grundrechten wie Art. 5 Abs. 1 und 3, 8 Abs. 1, 12 Abs. 1 und 14 Abs. 1 GG[185]. Er ist auch ein Stück *Ausgestaltung* von Grundrechten, z.T. derselben, nämlich von Art. 4 (Religion), 5 Abs. 3 (Wissenschaft und Kunst), 8 (Versammlungsfreiheit im Zeichen religiöser, sonntags- bzw. feiertagsbezogener, aber auch sonstiger politischer Werte), auch Art. 6 (Familienleben) GG. Soweit im Sonn- und Feiertagsleben menschenwürdiges Leben möglich wird, ist Sonn- und Feiertagsschutz Art. 1 Abs. 1 GG zuzuordnen. „Grundrechtswirklichkeit", „Grundrechtserfüllung", gelebte Freiheit, verwirklichte Menschenwürde geschieht im Verfassungsstaat *auch* und zum Teil spezifisch „im" Sonn- und Feiertagsschutz. Es sind vor allem *kulturelle* Freiheiten, die sich hier buchstäblich „erfüllen". Dieses *grundrechtsorientierte Sonn- und Feiertagsverständnis* (und umgekehrt: diese „*sonntagsrechtliche Grundrechtssicht*") sollte zu einem selbstverständlichen Ansatz der Dogmatik werden, ohne daß das „Gegenprinzip", die mit dem Sonn- und Feiertagsschutz *auch* verbundenen Einschränkungen von Grundrechten, vernachlässigt werden darf. Sonn- und Feiertage sind keine „verfassungsfreien Räume", keine

---

[183] Die Gefahren, die dem Sonntag von einer konsum- und freizeitorientierten Privat- und Partikularmentalität her drohen, sind ernst zu nehmen. Er ist von Verfassungs wegen eben *nicht* einfach ein „arbeitsfreier Tag".

[184] So treffend A. *Hollerbach,* in: P. Feuchte (Hrsg.), Verfassung des Landes Baden-Württemberg, 1987, Art. 3 Rdnr. 13. Siehe auch *ders.,* a.a.O., Rdnr. 14: „Die vielfältigen ‚Verzweckungen' des Alltags der Arbeits- und Geschäftswelt sollen nicht unter anderen Vorzeichen an Sonn- und Feiertagen fortgesetzt werden."

[185] Dazu vor allem A. *Mattner,* Sonn- und Feiertagsrecht, 1988, S. 64 ff., der diesen „Kollisionslagen" nachgeht; jetzt *ders.,* Sonntagsruhe..., NJW 1988, S. 2207 (2209f.). Siehe auch BayVerfGH NJW 1982, S. 2656 (2659): „Es ist Sache des Gesetzgebers, jeweils sachgerecht abzuwägen und zu entscheiden, welche Eingriffe in die Handlungsfreiheit dem Bürger zumutbar sind, um den Verfassungsauftrag zum Schutz kirchlicher Feiertage in angemessener Weise erfüllen zu können." Geprüft und mit Recht abgelehnt werden vor allem mögliche Verstöße gegen die Handlungsfreiheit, das Eigentumsrecht, die Glaubens- und Gewissensfreiheit der andersgläubigen oder nichtgläubigen Bürger.

ausgrenzenden Reservate – so sehr sie durch Freiheit gekennzeichnet bleiben. Die Verfassung erhofft sich vom Sonntagsrhythmus und den Feiertagen bestimmte, vor allem gemeinschaftsbildende Vorgänge[186], sie schafft den Bürgern und Gruppen bzw. ihren kulturellen Bedürfnissen bestimmte Möglichkeiten. In diesem Sinne steckt hinter den schönen Verfassungs-Worten „Arbeitsruhe" und „seelische Erhebung" mehr als die traditionelle Sichtweise erkennen läßt.

Grundrechte wie Versammlungs- und Demonstrationsfreiheit sind die *Demokratie* mitkonstituierende Rechte[187] und öffentliche Freiheiten. Gerade sie vermögen oft erst am *Sonntag* effektiv zu werden. Insofern besteht ein Zusammenhang zwischen freiheitlicher, pluralistischer Demokratie und Sonntag, konkret Art. 20/21 GG und Art. 139 WRV/ 140 GG.

M.E. gehört der *Sonntagsrhythmus* zu den „menschenwürdigen", „gerechten" Arbeitsbedingungen, die neuere Verfassungen garantieren[188]. Für diese Sicht spricht etwa Art. 30 Abs. 1 Verf. Hessen (1946) in seiner Forderung, die Arbeitsbedingungen müßten „so beschaffen sein, daß sie die Gesundheit, die Würde, das Familienleben und die kulturellen Ansprüche des Arbeitnehmers sichern" (ähnlich Art. 52 Abs. 1 Verf. Bremen von 1947) – alles Aspekte, denen die Unterbrechung des Werktagsrhythmus' durch Sonntagsruhe und Sonntagskultur gerecht wird[189].

---

[186] Treffend *R. Spaemann*, FR vom 16.9.1988: „Freizeit kann man individuell konsumieren. Feiern ist etwas Gemeinschaftliches ... Der Sonntag als Mitte des Lebens einer Nation ist als gemeinsamer Feiertag das, was der Transformation des Volkes in eine individualistische Produktions- und Konsumgenossenschaft im Wege steht ..." „Der Sonntag ist wie ein Baum, in dessen Schatten wir seit jeher auszuruhen gewohnt sind. Als Ressource darüber hinaus steht er nicht zur Verfügung."

[187] Vgl. *K. Hesse*, Grundzüge des Verfassungsrechts der BR Deutschland, 16. Aufl., 1988, S. 158 f.; BVerfGE 69, 315 (343 ff.).

[188] Vgl. z.B. Art. 60 Abs. 1 Verf. Portugal (zit. nach JöR 32 (1983), S. 446 ff.) mit den Elementen: Recht aller Arbeiter „auf die Ausgestaltung der Arbeit unter sozial würdigen Bedingungen, so daß eine Selbstverwirklichung ermöglicht wird" (lit. b) sowie „auf Erholung und Freizeit, auf eine Höchstgrenze der täglichen Arbeitszeit, eine wöchentliche Erholungspause ..." (lit. d). – Vgl. schon Art. 23 Ziff. 1 Allgemeine Erklärung der Menschenrechte der UN von 1948, zit. nach Völkerrechtliche Verträge, 2. Aufl., 1979: „Jeder Mensch hat das Recht auf ... angemessene und befriedigende Arbeitsbedingungen ..." – Art. 24: „Jeder Mensch hat Anspruch auf Erholung und Freizeit sowie auf eine vernünftige Begrenzung der Arbeitszeit und auf periodischen, bezahlten Urlaub."

[189] Art. 2 ESC (Das Recht auf gerechte Arbeitsbedingungen) „denkt" den Sonntag „mit", wobei es in Ziff. 1 angemessene tägliche und wöchentliche Arbeitszeit

II. Das grundrechtsorientierte Sonntagsverständnis

Aus älteren und neueren Verfassungstexten, die jedenfalls für Deutschland demokratische *Wahlen* und *Abstimmungen* auf die *Sonntage* legen[190], ergibt sich ein wichtiger Hinweis für das Sonntagsverständnis. Es ist nicht nur von seiner Negativseite her zutreffend zu erfassen als grundsätzlicher Ruhetag, als Tag des Fehlens „öffentlich bemerkbarer Arbeiten". Der Sonntag hat auch eine „*Positiv*seite", Dimensionen gesellschaftlicher, politischer Aktivität, die mit dem Wort „Freizeitverhalten" nur unzulänglich umschrieben werden: als Tag der Möglichkeit zu individueller und kollektiver „seelischer Erhebung". Zu dieser „Aktivseite" oder „Sonntagskultur" gehören positivrechtliche Sätze wie § 16 Bundeswahlgesetz vom 1.9.1975 (BGBl. I S. 2325 mit Änderung): „Der Bundespräsident bestimmt den Tag der Hauptwahl (Wahltag). Wahltag muß ein Sonntag oder gesetzlicher Feiertag sein." Mit dieser Norm leistet der deutsche Gesetzgeber einen nicht zu unterschätzenden Beitrag zum Sonntags- und Feiertags „bild". Es ist nicht unpolitisch. Die Wahrnehmung des vornehmsten *demokratischen Rechts*, des Wahlrechts, wird fast demonstrativ auf den Sonntag oder gesetzliche Feiertage gelegt[191]. Das Wählen als öffentliche Freiheit, Ausdruck des aktivbürgerlichen Status, gehört bei uns grundsätzlich zum sonn- und feiertäglichen, nicht zum „werktäglichen" Bild. Mag man das *Wählen* auch nicht durchweg zum Reich der „seelischen Erhebung" rechnen, es kommt doch zum Ausdruck, daß es einen solchen republikanischen Symbolwert hat, daß es ins Bild des Sonn- und Feiertags paßt. Der Schutz des Arbeitnehmers dürfte ein weiterer rechtspolitischer Grund für den Satz vom Sonntag als Wahltag sein[192].

---

verlangt, in Ziff. 2 „bezahlte öffentliche Feiertage" und in Ziff. 5 „eine wöchentliche Ruhezeit", die „soweit möglich, mit dem Tag zusammenfällt, der in dem betreffenden Land oder Bezirk durch Herkommen oder Brauch als Ruhetag anerkannt ist".

[190] Dazu oben Anm. 33 f.

[191] Vgl. auch *R. Spaemann*, Anhörung der CDU-Fraktion im Stuttgarter Landtag, FR vom 16.9.1988: „Daß die Parlamentswahlen bei uns des Sonntags stattfinden, hat ebenfalls seinen guten Sinn ... Denn Parlamentswahlen sind die Ereignisse, in denen das Volk alle vier Jahre als Gesamtheit souverän in Erscheinung tritt. Gerade weil Wahlen etwas anderes sind als Meinungsumfragen, gehören sie auf den Sonntag." In England und den USA ist dies freilich anders. Beachtlich jetzt die Erwägung der SPD, die Änderungsanträge zur Gesundheitsreform ggf. am *Sonntag* im Dt. Bundestag zu behandeln (FR v. 28. 10. 1988, S. 1).

[192] Die deutschen Länderverfassungen der Weimarer Zeit enthalten einige bemerkenswerte Textvarianten zum Sonn- und Feiertagsrecht (zit. nach *O. Ruthenberg*, Verfassungsgesetze des Deutschen Reichs und der deutschen Länder,

2. Teil: Kulturanthropologischer/verfassungstheoretischer Ansatz

Bei aller so beschriebenen Grundrechtsverwirklichung am und dank des Sonntags, vor allem via Gruppen, Verbände, politische Parteien und religiöser Gemeinschaften („soziale, gruppenbildende Funktion" des Sonntags): Diese Gruppen (besonders die Kirchen selbst) dürfen *nicht zu viel* Zeit des Sonntags mit zu viel Aktivitäten anreichern wollen. Sie sollten den Sonntag ihrerseits nicht überfrachten und neue Hektik schaffen. Der *Ruhe*-Aspekt muß wirken können. Die den Sonntag mitkonstituierenden *Gruppen*[193] sind zwar unverzichtbare, den Sonntag mitgestaltende Kräfte, aber sie dürfen ihn nicht ihrerseits gefährden: durch Tagungshektik u. ä. Der Sonntag darf nicht „überanstrengt" werden, auch nicht durch ein Übermaß an parteipolitischen („Sonntags"-)Reden, Sportveranstaltungen u. ä. In der Sonntags*ruhe* liegt sogar eine Umweltschutzkomponente (vgl. dazu Art. 3 Abs. 2, 131 Abs. 2, 141 BayVerf.).

Ein Wort zur *„Freizeitgesellschaft" und ihrem Verhältnis zum Sonn- und Feiertagsschutz:*

Ausdruck dieses positiven Ansatzes ist es, die Grundrechtsbezüge herauszuarbeiten, die die vielzitierte „Freizeitgesellschaft" gerade an Sonn- und Feiertagen verwirklicht[194]. So exzessiv das „Freizeitverhalten" vieler oft ist und so sehr manches Kritik provoziert: wir dürfen die Bürger, die die Freizeitgesellschaft leben, nicht vorschnell tadeln[195]. Es sind ganz

---

1926): § 3 Abs. 5 Verf. Baden (1919): „Alle aufgrund dieser Verfassung durch das Volk vorzunehmenden Wahlen und Abstimmungen finden an gesetzlichen Ruhetagen statt, jedoch nicht an den höchsten Festtagen." Art. 11 Hessische Verfassung (1919): „Die Abstimmungen finden an gesetzlichen Ruhetagen, mit Ausnahme der höchsten Festtage statt." – § 16 Abs. 2 Verf. Oldenburg (1919): „Sonntage und staatlich anerkannte Feiertage werden nach gesetzlicher Bestimmung vor Störungen geschützt." – Art. 9 Verf. Danzig (1922): „Die Wahl des Volkstages erfolgt auf vier Jahre. Gewählt wird an einem Sonntag des Monats November."

[193] Ausdruck des Gruppenaspekts der Freiheit des Bürgers, dazu *P. Häberle*, Wesensgehaltgarantie, 3. Aufl. 1983, S. 376ff. („status corporativus").

[194] Eine vorbildliche Untersuchung des Sonntags*verhaltens* speziell in der Schweiz bei *Urs Altermatt*, Vom kirchlichen Sonntag zum säkularisierten Weekend, in: Der Sonntag, Anspruch – Wirklichkeit – Gestalt, 1986, S. 248 ff. mit Stichworten wie: „Der Nachmittag im Zeichen der Gemeinschaft" („Sabbatdimension des Sonntags": Ruhe und Muße, Pflege familiärer und verwandtschaftlicher Beziehungen und sozialkaritative Tätigkeit, Sonntag, als „Tag des alternativen Lebens"), „der hohe Arbeitsrhythmus in der industriellen Gesellschaft stärkte das menschliche Bedürfnis, den Sonntag als Ruhetag gesetzlich zu gewährleisten", die aufkommende Konsum- und Freizeitgesellschaft veränderte das Sonntagsverhalten der Menschen in radikaler Weise, mit der aufkommenden Freizeit- und Konsumgesellschaft verweltlichte sich der Sonntag.

II. Das grundrechtsorientierte Sonntagsverständnis

bestimmte Grundrechte, die die Bürger und Gruppen in den von ihnen auch als „Freizeit" verstandenen Sonn- und Feiertagen verwirklichen. Und ein *realistisches* Sonn-[196] und Feiertagsverständnis muß sie in einer „Verfassung der Freiheit und des Pluralismus" zu nennen wissen und schützen: „allgemeine Handlungsfreiheit" des Art. 2 Abs. 1, speziell aber auch das „Leben für die Gesundheit" (Art. 2 Abs. 2 GG) in Gestalt von Sport und Spiel, das menschliche „Ausleben" bestimmter Bedürfnisse, sofern sie sich im Rahmen der Art. 139 WRV/140 GG halten[197]. All dies gehört mit zum Bild der gelebten Sonn- und Feiertage – neben den „höheren" kulturellen Freiheiten wie Art. 4, 5 Abs. 3 GG oder neben familiärem Gemeinschaftsleben (Art. 6 GG) und sonstigen Formen von Gemeinschaften, die das GG vielfältig schützt (z.B. über Art. 8 und 9) und für die Sonn- und Feiertage mehr als nur äußeren „Rahmen" bieten (Nachbarschaft, Freundschaft, Versammlungen; auch an Ehrenämter ist als Teil sonntäglicher Grundrechtsentfaltung bzw. grundrechtlicher Sonntagswirklichkeit zu denken; vgl. noch § 17 VersammlG!).

Das *wirklichkeitsorientierte Sonn- und Feiertagsverständnis* muß in dem Maß mitbedacht werden, wie Verfassungsrechtslehre eine wirklichkeitswissenschaftliche Dimension hat[198]. Auf diesem Hintergrund ist zu fragen, welche Grundrechte von wem an Sonn- und Feiertagen wie gelebt werden. Die wachsende Freizeitgesellschaft prägt Sonn- und Feiertage mit und in ihr die beruflichen Aktivitäten, die als sog. „Freizeitgewerbe"

---

[195] Zutreffend *Dirksen* (oben Anm. 79), S. 32, der bei der Festsetzung der Arbeitsruhegebote die Entwicklung des modernen Wirtschaftslebens berücksichtigen möchte, sich gegen einen völlig farblos gewordenen Sonntag „kollektiver Langeweile" *(R. Guardini)* wendet und aus der weitgehenden Monotonie der heutigen Berufsarbeit ein „starkes Bedürfnis nach Betriebsamkeit an den Sonn- und Feiertagen erweckt" sieht, durch die „die Sinnentleerung der beruflichen Arbeit kompensiert werden soll".

[196] Gute Analysen des „real existierenden Sonntags" auch im Hirtenwort des Bischofs von Mainz *K. Lehmann*, Freiwerden für Gott und Freisein für die Menschen, Vom Sinn des Sonntags, 1987 mit Stichworten wie: „Der Sonntag ist nun ganz verwoben mit der Problematik der Freizeit" (S. 2), „Die frei werdende Zeit vertreibt man, indem man das riesige Angebot der Freizeitindustrie nützt, das freilich auf seine Weise neue Abhängigkeiten und unaufhörlichen Streß erzeugen kann", „Stirbt der Sonntag am Wochenende?" (S. 3).

[197] Damit wird nicht etwa die Grundrechtsqualität von Art. 139 WRV/140 GG selbst behauptet. *Gegen* diesen „Grundrechtscharakter" mit Recht zuletzt *A. Mattner*, Sonntagsruhe..., NJW 1988, S. 2207. Siehe aber noch bei Anm. 202.

[198] Dazu *P. Häberle*, Verfassungslehre als Kulturwissenschaft, 1982.

70   2. Teil: Kulturanthropologischer/verfassungstheoretischer Ansatz

nach Maßgabe von Nachfrage und Angebot die Freizeitbedürfnisse der Bürger[199] auch an Sonn- und Feiertagen befriedigen und diese zu vermarkten drohen. Der feiertagsgesetzliche Begriff „höheres Interesse der Kunst" darf nicht einseitig „idealistisch" ausgelegt werden – der „erweiterte" Kunst- und Kulturbegriff muß sich speziell hier auswirken[200] (so dürfte z.B. das Fußballspiel zur Sonntagskultur gehören[201]).

So wenig Art. 139 WRV/140 GG selbst und allein Grundrechtsqualität hat[202], so intensiv ist also seine Nähe zu Grundrechten. Das „Verfassungsprinzip Sonntag" läßt sich als „Konnexgarantie" zu den Grundrechten des Art. 1 Abs. 1, Art. 2 Abs. 1 und 2, Art. 4, auch 5, 6 und 8 sowie 9, sogar 11 GG charakterisieren: so sehr *dient* er der „Erfüllung" dieser Grundrechte, und zwar in all ihren unterschiedlichsten Dimensionen vom subjektiv-personalen Moment über die objektivrechtlich-institutionelle bis zur leistungsstaatlichen Teilhabe- und Schutzpflichten-Seite[203]. Ohne das Verfassungsprinzip Sonntag liefen die erwähnten Grundrechte jedenfalls teilweise leer. Der Sonntagsschutz, wie gezeigt in den unterschiedlichsten Rechtsgebieten praktisch ins Werk gesetzt, ist vor allem verfassungsstaatliches „Religionsrecht", umhegende Ausgestaltung von Art. 4 GG (samt dem ganzen Staatskirchenrecht des Art. 140 GG); insoweit ist das Verfassungsprinzip Sonntag *„Religionsverfassungsrecht"* als Teil des Kulturverfassungsrechts[204]. Das Verfassungsprinzip Sonntag

---

[199] Zu Bedürfnissen, die gerade an Feiertagen auftreten bzw. der Gestaltung der Freizeit dienen: *Hess. VGH*, Rspr. der Hess. VerwGerichte 1986, S. 4 (4 f.): Offenhalten eines Zeitungskiosks an Sonntagen wegen der Sonntagszeitungen. – Siehe auch *BayObLG* GewArch 1985, S. 143 (144) für Museen, Freizeitparks, Kinos; ebenso *OLG Düsseldorf* GewArch 1985, S. 349. Vgl. noch *BayObLG* GewArch 1985, S. 143 (144): „Bei der Auslegung des sonntäglichen Ruhegebots dürfen nämlich auch die Entwicklung des modernen Wirtschaftslebens, der gerade an Sonn- und Feiertagen oft sehr lebhafte Straßenverkehr und das gesteigerte Vergnügungsbedürfnis weiter Bevölkerungskreise nicht völlig außer Betracht gelassen werden."

[200] Dazu *P. Häberle*, Die Freiheit der Kunst im Verfassungsstaat, AöR 110 (1985), S. 577 ff. – Eine vorbildliche Auslegung des Begriffs „höheres Interesse der Kunst" (§ 6 Abs. 2 lit. d. Nds. FTG) im Lichte des Art. 5 Abs. 3 GG: VG Stade, NJW 1985, S. 2147 (2148) – für ein internationales *Jazz- und Funkfestival*.

[201] Bemerkenswert der Satz eines italienischen (christdemokratischen) Senators: Ein Sonntag ohne Fußballspiel sei kein richtiger Sonntag (FAZ vom 13.4.1988, S. 15 (angesichts eines „Fußballerstreiks")).

[202] Siehe noch Anm. 197.

[203] Zu diesen verschiedenen Dimensionen der Grundrechte *P. Häberle*, Wesensgehaltgarantie, 3. Aufl. 1983, S. 332 ff., 369 ff.

II. Das grundrechtsorientierte Sonntagsverständnis

bildet aber auch ein Element des „*Verfassungsrechts der Arbeit*": in seiner Tatbestandshälfte „Arbeitsruhe"[205]. Speziell das Grundrecht *der* Arbeit (nicht „auf Arbeit"!), das sich aus einer Gesamtbetrachtung des Arbeitsverfassungsrechts des GG gewinnen läßt, besitzt im Verfassungsprinzip Sonntag nach Art. 139 WRV/140 GG eine Ausprägung: nicht nur in der Dimension „Arbeitsruhe", sondern auch in den durch sie eröffneten Möglichkeiten zur „Erhebung". – Der Sonntag ist eine „Arbeitsbedingung", die – in den Worten der Hessischen Verfassung (von 1946) – „die Gesundheit, die Würde, das Familienleben und die kulturellen Ansprüche des Arbeitnehmers sichert" (Art. 30; vgl. auch Art. 52 Abs. 1 Verf. Bremen; Art. 55 Abs. 1 Verf. Rhld.-Pf.). Der Sonntag ermöglicht die Erneuerung des Menschen in Natur und Kultur. „Wer den Sonntag schützt, schützt auch den Menschen." (LS der 20. Landessynode der Ev.-Luth. Landeskirche Hannover vom 27. 4. 1987.)

Speziell der *Gesundheitsschutz*[206], grundrechtlich in Art. 2 Abs. 2 GG i. V. m. dem Sozialstaatsprinzip „eingefangen", ist ein Aspekt des Verfassungsprinzips Sonntag. Art. 25 Abs. 1 Verf. NRW nennt ausdrücklich die „körperliche Erholung"[207]. Die *regelhaft* wiederkehrende Arbeitsruhe sowie die dadurch eröffneten Wege zur Freisetzung seelischer Kräfte, wenn man will die „psychosomatische Einheit und Balance", zu der der Mensch am *Sonntag* finden kann, schlägt die Brücke zwischen Art. 139 WRV/140 GG und dem verfassungsrechtlichen Gesundheitsschutz. In der politischen und juristischen Sonntags-Diskussion kommt dieser Zusammenhang mehr oder weniger klar zum Ausdruck, zuletzt etwa im ArbZGE der Bundesregierung von 1987[208].

---

[204] Dazu mein Beitrag, „Staatskirchenrecht" als Religionsrecht der verfaßten Gesellschaft, DÖV 1976, S. 73 ff., wiederabgedruckt in: P. Mikat (Hrsg.), Kirche und Staat in der neueren Entwicklung, 1980, S. 452 ff.

[205] Zu weiteren Ausprägungen des „Verfassungsrechts der Arbeit" mein Aufsatz: Arbeit als Verfassungsproblem, JZ 1984, S. 345 (350 ff.).

[206] Aus der Lit.: O. *Seewald*, Zum Verfassungsrecht auf Gesundheit, 1981; ders., Gesundheit als Grundrecht, 1982; G. *Hermes*, Das Grundrecht auf Schutz von Leben und Gesundheit, 1987.

[207] Zum Gesundheitsschutz im Text älterer Schweizer Kantonsverfassungen oben Anm. 35.

[208] BT Drs. 11/360 vom 25.5.87, vgl. die Begründung, ebd., S. 1 „ausgerichtet am Gesundheitsschutz", „Ihre (sc. der Arbeitnehmer) Gesundheit wird durch Begrenzung der höchstzulässigen täglichen Arbeitszeit ... sowie durch eine grundsätzliche Arbeitsruhe an Sonn- und Feiertagen geschützt." § 11 Abs. 1 und 11 Abs. 2 Ziff. 2 des Entwurfs sieht schon tatbestandlich Gesundheitsschutzmaß-

72   2. Teil: Kulturanthropologischer/verfassungstheoretischer Ansatz

Jede Interpretation des geltenden Sonntagsverfassungsrechts samt seiner es konkretisierenden Gesetzesnormen, aber auch jede rechtspolitische Diskussion bzw. die offene oder verdeckte Ausweitung der Ausnahmen vom sonntäglichen Arbeitsverbot muß diesen Aspekt des Sonntags als ein Stück „Gesundheitsschutz" im Auge haben. Er verleiht dem Prinzip der sonntäglichen Arbeitsruhe zusätzliches Gewicht[209].

3. Der Verfassungskompromiß

Zu bedenken ist, daß hinter den beiden Bestandteilen von Art. 139 WRV und fortwirkend in Art. 140 GG ein *Verfassungskompromiß* großer gesellschaftlicher Kräfte steht: das Anliegen der „Arbeitsruhe" als Beitrag der Parteien, die sich sozialpolitisch und sozialethisch engagierten[210], und die religiöse bzw. seelische „Erhebung" als Ausdruck kirchenpolitischer, freilich sich ins Säkulare wandelnder Forderungen[211]. Beide Aspekte, d.h. die in Weimar wie heute hinter ihnen stehenden Menschen und Gruppen bzw. ihre Ziele haben sich jetzt so sehr ineinander verschränkt, daß sie sich – aktuell – gegenseitig tragen und als Kernstück der verfassungsstaatlichen Identität des GG selbst gelten können. Es ist kein retrospektiver „dilatorischer Formelkompromiß", den das GG mitschleppt, sondern ein aktueller inhaltlicher Sachkompromiß verfassungsgestaltender Kräfte, die sich in Art. 139 WRV/140 GG „gefunden" haben und bis heute finden, im Rahmen der Verfassung als ständig erneuertem *Vertrag*[212]. Der eine Inhalt („Arbeitsruhe") geht nicht mehr ohne den anderen („seelische Erhebung" bzw. Kultur als Möglichkeit).

---

nahmen vor. Auch andere Passagen der Regierungsbegründung rücken den Gesundheitsschutz in den Vordergrund (a.a.O., S. 15: „Der für den Arbeitnehmer notwendige Gesundheitsschutz...").

[209] Die an Sonntagen gewonnene Erholung an Geist, Seele und Leib, an psychischen und physischen Kräften strahlt gewiß auf die Werktage aus, wie umgekehrt die Vorfreude auf den Sonntag den Werktag anreichern kann. – Vgl. noch Can. 1247 CIC (1983), oben in Anm. 26.

[210] Zu den „sozialpolitischen Wurzeln" des Sonn- und Feiertagsrechts *Dirksen* (oben Anm. 79), S. 10 ff.

[211] Dazu ebd., S. 8 ff.

[212] Zu diesen verfassungstheoretischen Vertragskonzepten im deutschsprachigen Bereich: *P. Saladin*, Verfassungsreform und Verfassungsverständnis, AöR 104 (1979), S. 345 (372 ff.); *P. Häberle*, Kommentierte Verfassungsrechtsprechung, 1979, S. 438 ff.; *H. Schulze-Fielitz*, Theorie und Praxis parlamentarischer Gesetzgebung, 1988, S. 213 ff.

II. Das grundrechtsorientierte Sonntagsverständnis

Beide Komponenten sind nicht nur miteinander „vereinbar"[213], beide gehören wesentlich *zusammen*, ebenso intensiv wie z. B. die zwei Verfassungselemente „Rechtsstaat" und „Sozialstaat" in dem Synthesebegriff des GG „sozialer Rechtsstaat". Es darf zu den Glücksfällen unserer verfassungsstaatlichen Verfassung gerechnet werden, daß im Verfassungsprinzip „Sonntag" *Religions*verfassungsrecht und *Arbeits*verfassungsrecht eine Symbiose eingegangen sind. Das bedeutet keine historisierende Fixierung auf einen status quo der Inhalte. Auch das Verfassungsprinzip Sonntag ist nicht unwandelbar, es nimmt an den Wachstumsprozessen einer lebenden Verfassung teil, und wir beobachten hier manche Veränderungen. Vor allem muß auf neue Probleme und Konfliktlagen reagiert werden: Das Verfassungsprinzip Sonntag ist ggf. „fortzuschreiben" (dazu der Dritte Teil). Doch hat die Arbeit am Sonntag die *besonders begründete* Ausnahme zu bleiben.

Die bislang in vielerlei Gesetzen verstreuten Ausnahmen vom sonn- (und feiertäglichen) Arbeitsverbot und die z. T. veraltete Fachsprache der überkommenen Gesetze bzw. ihrer Ausnahmetatbestände haben bislang verdeckt, welche *Vielfalt* an – *kulturellen* –[214] Sonntagsaktivitäten bzw. Sonntagsarbeit schon nach geltendem Recht zulässig ist. Überdies hat die Perspektive von der Ausnahme her manches im Schatten gelassen, was heute in der pluralistischen Gesellschaft einer offenen Demokratie zum Sonntag gehört, ja für diese mitkonstituierend ist. Ich meine nicht nur das Fußballspiel am Sonntag-Nachmittag, etwaige Wahlen während des ganzen Sonntags, nicht nur „Messen, Ausstellungen und Märkte sowie Volksfeste" (vgl. § 7 Abs. 2 Ziff. 10 ArbZGE), ich meine vielmehr das, was ArbZGE 1987 in den einen „Topf" von § 7 Abs. 2 Ziff. 6 wirft in den Worten: „nichtgewerbliche Aktionen und Veranstaltungen der Kirchen, Religionsgesellschaften, Verbände, Vereine, Parteien und anderer ähnlicher Vereinigungen". Denn damit wird ein Stück der *Gruppengesellschaft* eingefangen, die unser Gemeinwesen auch und gerade am Sonntag ist und sein darf, die pluralistische Struktur der res publica spiegelt sich hier in einem Ausnahmetatbestand des Sonntagsrechts wider (gerade Art. 21 GG, die Parteiendemokratie, die aus den Bürgern lebt, braucht den Sonntag, ohne daß sie ihn überstrapazieren sollte). Für Kirchen und Religions-, auch „Weltanschauungsgemeinschaften" (vgl. Art. 137 Abs. 7

---

[213] So noch *Dirksen* (oben Anm. 79), S. 14.
[214] Zu den wirtschaftlichen, gewerblichen Sonntagsaktivitäten vgl. in den Worten des ArbZGE dessen § 7 Abs. 2 Ziff. 17 bis 19.

WRV i.V.m. Art. 140 GG[215]) gilt Entsprechendes. Ein Stück der Wirklichkeit unseres Sonntags und unserer Gesellschaft ist auch in § 7 Abs. 2 Ziff. 9 ArbZGE eingefangen, wenn dort Rundfunk, Tagespresse, Sportzeitungen „bei der Herstellung von Klischees und Matern, bei Aufnahmen auf Ton- und Bildträger sowie bei Film- und Fotoaufnahmen" vom sonntäglichen Arbeitsverbot ausgenommen sind (Art. 5 Abs. 1 GG!). Damit wird der Funktion der *Medien* in unserer freiheitlichen Demokratie Rechnung getragen (Stichwort: „Informationsgesellschaft") – auch hier färbt sich das Sonntagsrecht vom *Staats- und Gesellschaftsbild* her ein. Gleiches gilt für die Aktivitäten, die beim Sport sowie in Freizeit-, Erholungs- und Vergnügungseinrichtungen (vgl. § 7 Abs. 2 Ziff. 8 ArbZGE) auftreten[216] (vgl. auch § 17 VersammlG).

III. „Arbeitsruhe" und „seelische Erhebung": Das spannungsreiche Gegen- und Miteinander der beiden Sinnkomponenten des Art. 139 WRV/140 GG im Kontext der „Arbeits-", „Freizeit-" und „Kulturgesellschaft", die zwei Ausnahmen (Arbeiten trotz Sonntag und Arbeiten für den Sonntag)

Die in Art. 139 WRV und seinen „Nachfolgebestimmungen" klassisch formulierte „Dualität" von 1. „Arbeitsruhe" und 2. „seelischer Erhebung" bindet zwei Prinzipien in *einem* Verfassungssatz zusammen, die keineswegs nur harmonisch aufeinander verweisen, sondern im Kontext der heutigen weithin säkularisierten *Arbeits-*[217], *Freizeit-* und *Kultur*gesellschaft auch in einem Verhältnis der *Spannung* zueinander stehen. Die Maxime der „praktischen Konkordanz" i.S. von *K. Hesse*[218] ist mühsam gewonnenes *Ergebnis* komplexer Abwägungs- und Zuordnungsvorgänge, nicht deren Ausgangspunkt. Das spannungsreiche Verhältnis beider in einem Artikel verknüpften Sinnkomponenten, die Gemeinsamkeiten und

---

[215] Der ArbZGE hätte sie als solche erwähnen sollen!

[216] So geschieht also auch für Art. 5 Abs. 1 GG (Meinungs-, Presse- und Informationsfreiheit) ein Stück Grundrechts„erfüllung" über das Sonntagsverfassungsrecht – jetzt aber von seinen *Ausnahmen* vom Arbeitsverbot her!

[217] Zur „Arbeitsgesellschaft" etwa *B. Guggenberger*, Ausblick auf die Arbeitsgesellschaft, in: Aus Politik und Zeitgeschichte, Beilage zur Wochenzeitung Das Parlament vom 16.9.1988, S. 52ff.

[218] Grundzüge des Verfassungsrechts der BR Deutschland, 16. Aufl. 1988, S. 217f.

III. Das Gegen- und Miteinander der beiden Sinnkomponenten

Unterschiede ihrer je eigenen Struktur und Funktion wurden bislang weder in der Literatur noch in der Rechtsprechung genügend erkannt und behandelt. Hier einige vorläufige Hinweise:

Das *erste* Sonn- und Feiertagsziel „Arbeitsruhe" wird vom Verfassungsstaat des GG als *Prinzip* durchgesetzt und erzwungen. Hier haben Gesetzgebung und Judikatur viel geleistet. Das grundsätzliche Fehlen „werktäglicher Arbeit" mag als grobes Stichwort dienen. Die *Ausnahmen* vom Arbeitsverbotspostulat wurden ebenfalls mit vielen Abgrenzungs- und Ausgrenzungskriterien definiert[219]. Diese *negative* Seite des Sonntagsprinzips (i. S. des grundsätzlichen Fehlens von „werktäglicher Arbeit")[220] gewinnt *positive* Inhalte erst von der *zweiten* Sonn- und Feiertagsdimension her: der *„seelischen Erhebung"*. Zwischen beiden Dimensionen bzw. Sonntagsgehalten gibt es zunächst einmal innere *Zusammenhänge:* Weil Ruhe *von* werktäglicher Arbeit besteht bzw. erzwungen wird, ist *Freiraum für* „seelische Erhebung" in den unterschiedlichsten Formen und Inhalten gewonnen. Begegnungen in Familien und anderen Gemeinschaftsformen werden möglich, es entsteht Raum für Religion, Kunst (z. B. „Sonntagsmaler"), Bildung und Wissenschaft sowie Freizeitaktivitäten vielerlei Art: für Kultur. Insofern bildet die allgemeine „Arbeitsruhe" *eine Bedingung* für „seelische Erhebung" in all ihren Höhen und „Niederungen", etwa auch bloßer „Vergnügungen" („Freizeitkultur").

In eigenartiger Dialektik steht die „seelische Erhebung" aber auch in einem *Spannungsverhältnis* zu eben dem Prinzip, das sie ermöglicht: Es gibt Formen des Sonntags- und Feiertagsverhaltens vieler, die, typisch für die *heutige* Freizeitgesellschaft und ihre Bedürfnisse, die Arbeit eini-

---

[219] Dazu oben S. 33, 42 ff.
[220] Treffend VGH Kassel, NJW 1988, S. 2257: „Zweck des § 6 HessFeiertagsG ist es, Sonn- und Feiertage von äußerlich in Erscheinung tretender normaler Werktagsarbeit freizuhalten, um eine Atmosphäre der äußeren und inneren Ruhe frei von Hektik und Geschäftigkeit zu schaffen." Vgl. auch BVerwG NJW 1988, S. 2254 (2256): „Als Tag der Arbeitsruhe und der seelischen Erhebung unterscheidet sich der Sonntag als Nicht-Werktag von den übrigen Tagen der Woche; als solcher soll er gem. Art. 140 GG/139 WRV durch das Gesetz institutionell geschützt werden. Dieser Sonntagsschutz soll das öffentliche Leben seiner werktäglichen Elemente entkleiden und dadurch die Begehung des Sonntags als Nicht-Werktag ermöglichen. Er erfüllt diesen Zweck nur, wenn am Sonntag die werktägliche Geschäftigkeit ruht, sofern sie nicht gerade der Befriedigung sonntäglicher (nichtwerktäglicher) Bedürfnisse dient..."

76   2. Teil: Kulturanthropologischer/verfassungstheoretischer Ansatz

ger, nicht mehr ganz weniger für die Freizeitgestaltung geradezu *verlangen*[221]: „Freizeitparks" und die hier anfallenden Arbeiten, Verkehrs- und Gaststättenbetriebe mit steigenden Ansprüchen der Kundschaft etc. Die Arbeits*ruhe* und die so ermöglichte „Erhebung" (oder ihr Fehlen!) der *vielen* (nicht aller!) erzwingt insofern die Arbeit *weniger:* die Arbeit *für* den Sonntag[222]. Zugespitzt: Das Nutzen des Freiseins von Arbeit der Mehrzahl beruht (z. T. auch) auf dem Weiter- oder Überhaupt-Arbeiten weniger. Jene – die Arbeitsruhe – *provoziert* diese – die Freizeitgestaltung mittragende Arbeit. Hinzu kommt, daß der Mensch in der Freizeit der Sonn- und Feiertage das verständliche Bedürfnis hat, seine Arbeitszeit zu „kompensieren" – in neuer, andersartiger Aktivität (nicht einfach „Ruhe") – was wiederum Arbeit für andere zur Folge hat. Die Crux liegt nun darin, daß das heutige Anschwellen der an sich im *Dienste* der „Arbeitsruhe" am Sonntag stehenden bzw. hier ausnahmsweise *arbeitenden* Menschen von einem bestimmten Umschlagpunkt an eben diese *„allgemeine* Arbeits*ruhe"* des Sonntags gefährdet. Struktur und Funktionen der „seelischen Erhebung" unterscheiden sich im übrigen insofern von der „Arbeitsruhe" grundlegend, als diese vom Staat *erzwungen* werden kann und erzwungen wird. Demgegenüber schafft der Verfassungsstaat in Sachen „seelischer Erhebung" nur *äußere* Bedingungen, Möglichkeiten; er setzt diese nicht etwa durch. Und eben darin besteht der Bereich für Freizeitgestaltung, die *keine* „Erhebung" ist, sondern Frei-

---

[221] Der Zusammenhang einer Tätigkeit mit der *Freizeitgestaltung der Bevölkerung* (z.B. Lichtspieltheater, Museen, Freizeitparks, Badeanstalten, Hallenbäder, Saunabetriebe, Verleih von Fahrrädern oder Booten) wird zu recht herausgestellt von *OLG Frankfurt* NJW 1988, S. 2250; zu dessen Grenzfall des „Bräunungsstudios" differenziert *A. Mattner*, Sonntagsruhe ..., NJW 1988, S. 2207 (2212). – Siehe auch *HessVGH* NJW 1988, S. 2357: „Es gehört nicht zum heute üblichen Freizeitverhalten der Bevölkerung, Kraftfahrzeuge an Sonn- und Feiertagen zu waschen; dies wird vielmehr als Störung der Feiertagsruhe empfunden." – Zum sog. „Freizeitargument" (einige Sonntagsbetätigungen können der Erholung dienlich sein bzw. sie ermöglichen oder fördern): *Mattner*, a.a.O., S. 2207 (2212f.). – Siehe auch *D. Pirson*, Art. Sonn- und Feiertage, Evangelisches Staatslexikon, 3. Aufl., Bd. II, 1987, Sp. 3149 (3152): „Die Abgrenzung zwischen unzulässiger Arbeit und sonstiger Tätigkeit ist durch den Umstand erschwert, daß in der Gegenwart zahlreiche Verrichtungen sowohl Gegenstand berufl. Arbeit wie auch Freizeitbeschäftigung sein können. Maßgeblich ist, ob eine Tätigkeit geeignet ist, den Eindruck der generellen Ruhe im Geschäftsleben und in der auf Existenzsicherung angelegten Geschäftigkeit zu durchbrechen."

[222] Vgl. auch die Formulierung von *R. Spaemann* in dem Stuttgarter Hearing, FR vom 16.9.1988: Arbeit nicht bloß am Sonntag, sondern für den Sonntag!

III. Das Gegen- und Miteinander der beiden Sinnkomponenten

zeit-Zeiträume „füllt": auf mehr oder weniger „hohem" Niveau der „Kulturgesellschaft".

So darf man *zwei Arten* von (zulässigen) Ausnahmen vom allgemeinen Verbot der Arbeit unterscheiden: 1. Solche (die sog. „*echten*" Ausnahmen), die in *keinem inneren* Verhältnis zur „Arbeitsruhe" und zur Möglichkeit der „seelischen Erhebung" stehen (Ausnahmen im wirtschaftlich-technischen Interesse der Industrie-Betriebe selbst oder Krankenbetreuung: Arbeiten *trotz* Sonntag), und 2. die *unechten* Ausnahmen, die der seelischen Erhebung oder dem durch das Arbeitsverbot geschaffenen Raum und letztlich sogar der „Arbeitsruhe" selbst tendenziell *dienen:* herkömmlich die sog. „Bedürfnis-" oder „Sonntagsgewerbe", jetzt als „freizeitorientierte gewerbliche Arbeit" im Dienstleistungssektor charakterisiert[223] (z.B. Gaststätten, öffentliche Verkehrsmittel): Arbeiten *für* den Sonntag.

Die sich wohl nur z.T. „erhebende" „Freizeitgesellschaft" hat insofern den *Kontext* des „idealistischen" Art. 139 WRV verändert. Gewisse Wandlungen im Verständnis seines *Textes* oder doch Interpretationsprobleme mögen auch damit zusammenhängen. War der Begriff „Arbeitsruhe" auf die „*Arbeits*gesellschaft" bezogen, die wir heute *noch* sind, so ist die „seelische Erhebung" im säkularen Verfassungsstaat wohl eher zurückgegangen – die „Freizeitgesellschaft", vielleicht „*Kultur*gesellschaft[224]", hat entsprechend Raum gewonnen, zumal auch die wöchentliche Arbeitszeit insgesamt abnimmt. Die hier angedeuteten Veränderungen des „*Gesellschaftsbildes*" des modernen Verfassungsstaates dürften sich auch in Interpretationsfragen zu Art. 139 WRV/140 GG niederschlagen. Doch sollten wir vor der Faktizität der „Freizeitgesellschaft" nicht kapitulieren. Noch besteht Akzeptanz *beider* Sinnkomponenten des Art. 139 WRV, so kompliziert ihr Zusammenspiel ist; noch besteht der „Wille zur Verfassung" in Gestalt des Willens zu Art. 139 WRV/140 GG!

Eine die *Normalität* des Sonn- und Feiertags mitberücksichtigende Auslegung der *Normativität* des Sonn- und Feiertagsverfassungsrechts muß diesen dialektischen Zusammenhang von Prinzip und Ausnahmen,

---

[223] Z. B. *T. Mayen*, DÖV 1988, S. 409 ff.

[224] Zum Kulturverfassungsrecht meine Arbeiten seit 1979: z.B. Kulturpolitik in der Stadt, 1979; Neues Kulturverfassungsrecht in der Schweiz und in der BR Deutschland, ZSR 105 (1986), S. 195 ff.; Kulturverfassungsrecht im Bundesstaat, 1980; *U. Steiner / D. Grimm,* Kulturauftrag im staatlichen Gemeinwesen, VVDStRL 42 (1984), S. 7 ff. – Sonntagsarbeit bedeutete Kulturverlust.

78   2. Teil: Kulturanthropologischer/verfassungstheoretischer Ansatz

von Ruhe und (kulturellen) Aktivitäten bzw. Arbeit sehen. Er ist gewiß spannungsreich, was sich auch in den Grundrechtskonflikten spiegelt; er führt aber auch zu Konkordanzen.

Betont sei der fortschreitende *Wandel*. Neue Probleme entstehen z.B. dann, wenn die Werktagsarbeit immer kürzer wird und die Forderungen der und Ansprüche an die Sonn- und Feiertagszeit als Teil der expandierenden Freizeit (35-Stundenwoche!) immer größer werden. Weitere Probleme gibt es, wenn im Interesse der Reduzierung der Arbeitslosigkeit Arbeitszeitverkürzung „*ohne* vollen Lohnausgleich" wirklich werden sollte. Dann könnte ein Mehr an Sonntags- und Wochenendarbeit die Folge sein i.S. von *O. Lafontaines* „pragmatischen Überlegungen über die Laufzeit der Maschinen"[225] (Stichwort: „Entkoppelung von Arbeitszeit und Maschinenlaufzeit"). Ob solche durchgreifende Arbeitsplatzbeschaffung für bisher Arbeitslose ein sozialethisch abgestützter „Gemeinwohlgrund" ist[226], der *mehr Ausnahmen* vom Prinzip der sonntäglichen Arbeitsruhe erlaubt, muß hier noch offen bleiben. Sollte es zu einer „Europäisierung der Arbeitszeitfrage" kommen, tut sich eine neue Front auf!

Alle hier für den Sonntag aufgebotenen Argumente gelten aber *nicht* für den *Samstag*. Verfassungsrechtlich ist der Samstag ein normaler Werktag. Der arbeitsfreie Samstag kann nicht länger Tabu-Begriff bleiben. Er darf in die Flexibilisierung der Arbeitszeit einbezogen werden. Hier liegen Kompromißmöglichkeiten mit der Wirtschaft (auch um den Preis von mehr Mitbestimmung in den Unternehmen; freilich wird es den Frauen schwerer, Kinder und Beruf miteinander zu vereinbaren). Der sozialpolitische Besitzstand des „freien Samstag" muß überdies im Interesse der Reduzierung der Arbeitslosenzahlen abgebaut werden. Der hohe Besitzstand der Arbeitsplatzbesitzer in der BR Deutschland

---

[225] So seine Forderung auf dem SPD-Parteitag in Münster (1988), FAZ vom 1.9.1988, S. 3; siehe auch ebd. S. 1: „Lafontaine für mehr Wochenendarbeit und einen solidarischen Einkommensverzicht." Zuletzt *O. Lafontaine* auf dem Jubiläumsparteitag der SPS in Zürich (NZZ vom 11.10.1988, S. 21), der im Rahmen der Flexibilisierung der Arbeitszeiten Sonntags- und Wochenendschichten nicht ausschloß und für eine diesbezügliche „Entideologisierung" der Diskussion plädierte; den einzelnen sollten mehr persönliche Wahlfreiheiten verschafft werden, sowie *ders.*, FAZ v. 7.11.1988, S. 13 mit dem Argument, eine bessere Verteilung der Arbeit sei ökologisch sinnvoll.

[226] I.S. der Ausnahme-Gemeinwohltatbestände einiger deutscher Länderverfassungen, oben Anm. 90.

IV. Feiertage im verfassungsstaatlichen Vergleich   79

verlangt ein solches Opfer. Pathos und Ethos des Sonntags, im „Verfassungsprinzip Sonntag" lebendig, lassen sich auf den *Samstag nicht* übertragen[227].

**IV. Feiertage in der BR Deutschland und
im verfassungsstaatlichen Vergleich – ihre theoretische Einordnung
als spezielle kulturelle Identitätselemente des Verfassungsstaates**

1. Feiertage in der BR Deutschland

Nach ihrer Ausformung im *deutschen* Verfassungsrecht ist für die Feiertage charakteristisch: ihre meist konnexe Garantie zusammen mit dem Sonntag in Art. 139 WRV/140 GG und in vielen Länderverfassungen sowie ihre Offenheit, insofern neben verfassungskräftig geschützten *bestimmten,* gesondert herausgestellten Feiertagen wie dem 1. Mai[228] gesetzlich offene und damit auf Verfassungsebene *nicht benannte* Feiertage garantiert sind („gesetzlich geschützte" bzw. „anerkannte Feiertage"). *Diese* Feiertage stehen unter dem Vorbehalt der parlaments-spezialgesetzlichen Einführung, Ausgestaltung und Aufhebung. Sie sind von Verfassungs wegen als solche in ihrer Individualität *nicht* geschützt. Es gibt insofern keine „Bestands- und Entwicklungsgarantie", keine verfassungsrechtliche status quo-Garantie dieser *einzelnen* Feiertage. Nur die Garantie des Feiertags „als Institution" ist Art. 139 WRV und den parallelen Länderartikeln zu entnehmen[229].

Im Verhältnis zur *Sonntags*garantie bestehen Gemeinsamkeiten und Unterschiede: Die Feiertage haben mit dem Sonntag *gemeinsam:* den

---

[227] Soeben BM *N. Blüm:* „Der Sonntag bleibt heilig, der Samstag war es nie." (Nordbayer. Kurier v. 7. 11. 1988, S. 1.) *F. Steinkühler:* „Wer den Samstag aufgibt, gefährdet auch den Sonntag" (ZDF-Sdg. v. 24. 11. 1988). Kein Gewicht dürfte die von den UN neu eingeführte Bezifferung haben, wonach der *Montag* der erste Wochentag ist. Internationale Bedürfnisse wie die Abstimmung von Flugplänen und die einheitliche Abwicklung (z. B.) von (Bank-)Geschäften machen eine weltweit übereinstimmende Zählung notwendig.
[228] Vgl. Art. 22 Abs. 2 Verf. Berlin; Art. 55 Abs. 1 Verf. Bremen; Art. 31 Verf. Hessen; Art. 25 Abs. 2 Verf. Nordrhein-Westfalen; Art. 57 Abs. 2 Verf. Rheinland-Pfalz; Art. 174 Abs. 2 Verf. Bayern.
[229] Zuletzt wieder *A. Mattner,* Sonntagsruhe..., NJW 1988, S. 2207 (2208). – *T. Maunz,* in: MDH, Kommentar zum GG, Art. 140 GG/139 WRV, Rdnr. 2: „Garantie der Einrichtung" Feiertage, d. h. nicht schlechthin alle Feiertage und damit das Institut selbst dürfen beseitigt werden.

„*nicht werktäglichen*" Charakter, ein kulturelles Prädikat, die grundsätzliche Anbindung an das oder Analogie zum „Sonntagsverfassungsrecht", auch die einfachgesetzlich prinzipiell einheitliche Ausformung im einfachen Recht der Feiertagsgesetze der Länder und der Bestimmungen der GewO. Der sozio-kulturelle Doppelaspekt der „allgemeinen Arbeitsruhe" und der „seelischen Erbauung" prägt den Sonntag *wie* die Feiertage. *Unterschiede* bestehen in folgendem: Die Feiertage sind nicht wie der Sonntag in den 7-Tage-Rhythmus als solchen integriert; sie kehren ja nur im *Jahres*rhythmus wieder (damit entfällt die Zeit-Rhythmus-Komponente des Sonntags); Feiertage sind durch die „grundsätzliche Arbeitsruhe" geprägt, doch stehen sie als „spezielle" kulturelle Identitätselemente des jeweiligen Verfassungsstaates im Dienste eines bestimmten nationalen bzw. verfassungsstaatlichen und -rechtlichen Grundwertes: z.B. der „Einheit Deutschlands" (17. Juni), beim 1. Mai im Dienste der Ziele der Arbeiterbewegung, soziale Gerechtigkeit, Fortschritt, Frieden, Völkerverständigung, Menschenwürde bzw. Arbeit (vgl. z.B. Art. 32 Verf. Hessen bzw. Art. 25 Abs. 2 Verf. NRW), im Zeichen religiöser Traditionen (an Weihnachten, Ostern etc.). Auf diese oder andere Grundwerte *kann* sich der Bürger einzeln oder in Gemeinschaft jeweils ausrichten, er braucht dies aber nicht zu tun („Angebotscharakter" der Feiertagsziele)[230]. Die allgemeine Arbeitsruhe der Feiertage gibt insoweit parallel zum Sonntag spezifisch Raum dazu! *Insofern* sind die Momente, vor allem kulturelle Grundrechte, die der allgemeinen Arbeitsruhe beim Sonntag zugrunde liegen, auch bei Feiertagen einschlägig (Art. 4, 5, 6, 8, 9 Abs. 1 GG), wobei eine spezifische „Einfärbung" von der Eigenart des jeweiligen Feiertags her, dem „Zeichen", in dem er steht, erfolgt. Das haben die Feiertagsgesetze gezeigt: die Feiertags*ruhe* ist *individuell* differenziert, sie darf es auch sein. Im Verfassungsstaat bzw. in offenen Gesellschaften gibt es aber auch hier (wie beim Sonntag) *keine* Instrumentalisierung des Bürgers im Blick auf die besonderen Werte der je einzelnen Feiertage! Anders die totalitären Systeme[231]!

---

[230] Darum auch die Möglichkeit zu Versammlungen, Demonstrationen im Geiste *anderer* als der speziellen „Feiertagsziele"!

[231] Zum 7.10.(1988), dem Nationalfeiertag der DDR: FAZ vom 8.10.1988, S. 3: „Das Ritual ist immer das gleiche." Treffend *W. Jens*, Feldzüge eines Republikaners, 1988, S. 175: „Der Staatssozialismus manifestiert sich in Mietskasernen, Pracht-Avenuen und Aufmarschplätzen, die, als künstliche Zentren, für eine Schein- und Feiertags-Öffentlichkeit stehen. Was ist die Antwort unserer Gesellschaft darauf?"

IV. Feiertage im verfassungsstaatlichen Vergleich   81

Im übrigen dürfte sich die *Feiertags*kultur i. S. der Feiertags*praxis* letztlich auch auf die *Sonntags*kultur auswirken und umgekehrt, bei allen Unterschieden: „Verkommen" die Feiertage zu hektischen, freizeitorientierten, auch durch viele Arbeitserlaubnisse aufgebrochenen „Konsum-Tagen", wirkt sich dies letztlich auf das gelebte Sonntagsverständnis aus. (Nicht alles läßt sich hier rechtlich erfassen.) Umgekehrt strahlt die Sonntagskultur auf die Feiertagskultur aus. Insofern bilden Sonn- und Feiertage auf Verfassungsebene wie einfachrechtlich in Deutschland einen sozio-kulturellen Gesamtzusammenhang, auch wenn die Gesetze zu einzelnen Feiertagen z. T. Besonderes anordnen (etwa zum 17. Juni, zum Karfreitag etc.); die Doppelgarantie ist nicht nur rechtlich-technischer Natur. Überdies: Gibt es zu viele Feiertage, entwertet dies den Sonntag – fast ein bayerisches Problem? Verkommt der Sonntag, wird auch der „je spezielle" Feiertag kaum mehr „ernst" genommen. Gerade die Freizeitindustrie und die „voll-kontinuierlich" produzieren wollende Industrie bemächtigen sich sowohl des Feiertags wie des Sonntags.

*2. Feiertage im verfassungsstaatlichen Vergleich –
ihre theoretische Einordnung als kulturelle Identitätselemente
des Verfassungsstaates*

Im folgenden sei die verfassungstheoretische bzw. kulturwissenschaftliche Tiefendimension von Feiertagen wenigstens in Stichworten skizziert: auf dem Hintergrund des vergleichend gewonnenen Beispielsmaterials.

Feiertage erschließen sich in ihrem Stellenwert erst aus einer als Kulturwissenschaft begriffenen Verfassungslehre. Sie sind Ausdruck für „*Verfassung als Kultur*"[232]. Ihr „Stoff" hat Nähe zu dem Stoff, aus dem Präambeln und Erziehungsziele, Eide und Gelöbnisse, Hymnen und Flaggen sind, mitunter auch Träume, etwa in Sachen „deutsche Einheit". Sie sind Ausdruck der kulturellen Identität und Individualität des *jeweiligen* Verfassungsstaates *und* des Verfassungsstaates als *Typus*. Charakteristisch ist ihr *Grundwertebezug*: seien es speziell nationale (z. B. Gründungs-)Erlebnisse, Erfahrungen und Hoffnungen, seien es typisch verfassungsstaatliche Gehalte wie Menschenwürde, Arbeit, Völkerversöhnung,

---

[232] Dazu *P. Häberle*, Verfassungslehre als Kulturwissenschaft, 1982; *ders.*, Feiertagsgarantien, 1987, S. 9, 27 ff.

Friede. Feiertage erschließen sich aus ihrer *kulturanthropologischen Dimension*. Sie bilden unverzichtbare „emotionale" und „rationale" *Konsensquellen* des Verfassungsstaates: Menschen und Bürger haben ein Bedürfnis, im Zeichen bestimmter Werte zu feiern, auch auf der „hohen" Ebene der res publica. Die Symbolkraft des Feiertags ist für das politische Gemeinwesen ein konstituierendes „Bindemittel", als welches auch Ehrenzeichen, Flaggen, Orden, Bauten und Denkmale wirken können. Gerade *pluralistische Demokratien* besitzen ihrer Offenheit wegen einen „Bedarf" an grundierenden Inhalten, zur immer neuen Aktualisierung des kollektiven Bewußtseins. Sie haben es in Sachen „Selbstdarstellung" freilich besonders schwer. Feiertage können in offenen Gesellschaften nur ein „*Angebot*" für Bürger und Gruppen sein[233], bestimmte Ereignisse, Ideale, Persönlichkeiten zu feiern oder Vergangenheit zu verarbeiten und Zukunft ins Auge zu fassen. Im Gegensatz zu den totalitären Staaten kann und darf Feiern nicht erzwungen werden.

Feiertage erweisen sich im geglückten Falle als „Knotenpunkte" nationaler Identitätsfindung und – immer neu notwendiger – Identitäts*behauptung* auch und gerade im Rahmen von Verfassungsstaaten. Sie stehen in *einer* Reihe mit Fahnen, hinter denen Geschichtsbilder lebendig sind, mit Nationalhymnen, mit Denkmalen und Gedenkstätten. Markieren *Feiertage jährlich* wiederkehrende „Angebote", so sind *Jubiläen* zeitlich großräumiger, aber nicht minder wesentlich. Der 40. Jahrestag zur Gründung der Bundesrepublik (1989) ist ein Beispiel, auch die 125-Jahr-Feier der Gründung der SPD 1988, die sich in der Geschichte wahrlich als „Verfassungspartei" erwiesen hat. Solche Jubiläen sind einerseits „Gedächtnisstützen" der politischen Öffentlichkeit, andererseits weisen sie dank produktiver Erinnerung und Vergegenwärtigung in die Zukunft. Die Forschung besinnt sich heute zunehmend wieder auf das Feierliche in Sachen Staat[234]. In einer eigentümlichen Dialektik wahrt man ja den

---

[233] P. Häberle, Feiertagsgarantien, 1987, S. 29, 34f. – Bekenntnisse wie „Soziale Gerechtigkeit", „Frieden", „Freiheit" und „Völkerverständigung", wie sie in manchen 1. Mai-Artikeln deutscher Landesverfassungen normiert sind, bedeuten „Vorschläge" des Verfassungsstaates an seine Bürger, sich auf sie zu besinnen, die „Feiertagsruhe" zu ihrer Vergegenwärtigung zu nutzen. Insofern haben Feiertage „Angebotscharakter". Möglich sind aber auch Versammlungen im Interesse *anderer* politischer Ziele.

[234] Aus dem Schrifttum jüngst: *J. Hartmann*, Staatszeremoniell, 1988. Siehe zuletzt das Beispiel aus Frankreich: Die Feier des 100. Geburtstags von *J. Monnet* in Paris und die Überführung seiner sterblichen Hülle ins Pantheon (FAZ v. 9. 11. 1988, S. 6.).

IV. Feiertage im verfassungsstaatlichen Vergleich

Alltag auch gerade dadurch, daß man ihn einmal „außer Kraft setzt": *regelmäßig* wöchentlich am Sonntag, *jährlich* an bestimmten Feiertagen und zeitlich *noch großräumiger* an „Jubiläumstagen".

Mögliche *Diskrepanzen* zwischen Feiertags*recht* und Feiertags*wirklichkeit* sind der Preis der „Verfassung der Freiheit und des Pluralismus". So können bestimmte Feiertage „altern", neue entstehen. Vor allem gibt es Beispiele dafür, daß in (halb-)autoritären Staaten wie Südkorea oder Chile die demokratische Opposition im Namen der Menschenrechte alternative Oppositionstage schafft oder offizielle Feiertage wie den 1. Mai „besetzt"[235]. Als Deutscher erinnert man sich sogleich des Wartburg- und Hambacher-Festes als „Akten der verfassungsoppositionellen Repräsentation"[236].

---

[235] Nachweise bei *P. Häberle*, Feiertagsgarantien, 1987, S. 37 f.
[236] So *E. R. Huber*, Deutsche Verfassungsgeschichte seit 1789, Bd. II, 1960, S. 134.

Dritter Teil

Rechtspolitik „in Sachen Sonntag" – „Feiertagspolitik"?

Der rechtspolitische Ausblick gelte drei Themenkreisen:

I. Fragen, die durch das *geplante Arbeitszeitgesetz* der Bundesregierung aufgeworfen werden (Entwurf eines ArbZG, BT Drs. 11/360 vom 25.5.1987)

II. dem Plädoyer für einen *pluralistisch zusammengesetzten Sonn- und Feiertagsbeirat*

III. soll ein Wort zur „*Feiertagspolitik*" im Verfassungsstaat gesagt werden.

I. Fragen zum Entwurf eines ArbZG

Die derzeitige Bundesregierung, getragen von der Koalition aus CDU/CSU und FDP, hat am 25. Mai 1987 den Entwurf eines ArbZG vorgelegt, dessen Schatten- und Lichtseiten, z.T. schon im Pro[237] und Contra des wissenschaftlichen Schrifttums, kurz behandelt seien. Im Zentrum stehe

---

[237] Z.B. *J. Zmarzlik,* Zur Neuregelung des Arbeitszeitschutzes, DB 1985, S. 2349 ff. – In *Österreich* hat das Arbeitsruhegesetz (ARG) vom 3. 2. 1983, BGBl. 144 (abgedruckt in *Dittrich / Veit / Tades,* Arbeitsrecht, 33. Erg.Lfg., S. 757 ff.) das alte SRG (dazu *J. Berger,* Einführung in das österr. Arbeits- und Sozialrecht, 1981, S. 77 f.) abgelöst. Das FeiertagsruheG des Bundes von 1957, BGBl. Nr. 153 (*Dittrich* u. a., a.a.O., S. 807 ff.) zählt die Feiertage (wie den 1. Mai als „Staatsfeiertag", den 26. Oktober als „Nationalfeiertag") auf. Das ARG unterscheidet zwischen Wochenendruhe, Wochenruhe, Ersatzruhe und Feiertagsruhe, es normiert für Arbeitnehmer „Freizeit zur Erfüllung der religiösen Pflichten" (§ 8) und recht reiche „Ausnahmen von der Wochenend- und Feiertagsruhe". Der deutsche ArbZGE von 1987 hat wohl nicht wenige Stichworte des Ausnahmekatalogs übernommen: vgl. § 12 Abs. 1 Ziff. 4 ARG („ununterbrochenen Fortgang erfordern") bzw. § 7 Abs. 2 Ziff. 19 E oder Ziff. 6 ARG ebd. („Mißlingen von Arbeitserzeugnissen") bzw. a.a.O., Ziff. 18 E („Mißlingen von Arbeitsergebnissen"). Auch die ominöse allgemeine Gemeinwohlklausel von § 9 Abs. 1 Ziff. 2c ArbZGE findet sich schon im ARG (§ 14: öff. Interesse „infolge bes. schwerwiegender Umstände"). Vorbildlich aber ist die „Anhörung der zuständigen gesetzlichen Interessenvertretungen der Arbeitgeber und Arbeitnehmer" vor dem Erlaß „weiterer Ausnahmen" durch VO des Landeshauptmanns nach § 13 Abs. 1 ARG. (Vgl. S. 88 ff.)

die Normierung der Sonn- und Feiertagsruhe in § 7 (1.), der „Abweichenden Regelungen", die § 8 dem Tarifvertrag oder der Betriebsvereinbarung eröffnet (2.), und der Ermächtigungen zum Erlaß von Rechtsverordnungen mit weiteren Ausnahmen in § 9 Abs. 1 (3.).

1. *Zunächst zu § 7 Abs. 2*

In Absatz 1 S. 1 heißt es: „Arbeitnehmer dürfen an Sonn- und gesetzlichen Feiertagen von 0 bis 24 Uhr nicht beschäftigt werden." In Absatz 2 folgt der Ausnahmekatalog, der als solcher hier nicht einmal ausdrücklich gekennzeichnet ist. Es heißt: „*Abweichend* von Absatz 1 dürfen Arbeitnehmer an Sonn- und Feiertagen, sofern dies erforderlich ist, beschäftigt werden". Schon der Verzicht auf das Wort „Ausnahmen" verdient Kritik[238]. (Erst der Vierte Abschnitt trägt vor § 13 die Überschrift „Ausnahmen in besonderen Fällen".) § 7 Abs. 2 enthält einen Katalog aus 19 Ziffern. Positiv ist zu ihm zu sagen, daß er in weiten Strecken eine gute *Zusammenfassung*[239] bislang sehr verstreuter Ausnahmen vom Arbeitsverbot ist (greifbar auch in § 25 – „Inkrafttreten, Ablösung")[240]. Zu begrüßen ist auch die *Modernisierung* der Rechtssprache, die in einzelnen Tatbeständen geglückt ist (vgl. z. B. Ziff. 5: „Musikaufführungen, Theatervorstellungen, Filmvorführungen, Schaustellungen und andere ähnliche Darbietung" oder Ziff. 6: „nichtgewerbliche Aktionen und Veranstaltungen der Kirchen, Religionsgesellschaften, Verbände, Vereine, Parteien und anderer ähnlicher Vereinigungen" – hier tritt ein Stück *grundrechtsorientierter* pluralistischer deutscher *Sonntagskultur* deutlich zutage. Dasselbe gilt für Ziff. 7: „Museen", Ziff. 8: „Sport sowie in Freizeit-, Erholungs- und Vergnügungseinrichtungen") – hier kommen Aspekte der *Freizeitgesellschaft* weniger verschämt als sonst zum Aus-

---

[238] Immerhin taucht in § 9 Abs. 1 Ziff. 2 in bezug auf die „Ausnahmen nach § 7 Abs. 2 hinaus" der Begriff „weitere Ausnahmen" auf. Insofern läßt sich die These vom *Ausnahme*charakter des § 7 Abs. 2 gut vertreten!

[239] Die Bundesregierung begründet ihren Entwurf u. a. damit, daß die geltenden Vorschriften „überholungsbedürftig" seien, in „einem Gesetz zusammengefaßt und für alle Arbeitnehmer, ausgerichtet am Gesundheitsschutz, den heutigen veränderten Verhältnissen angepaßt werden" sollen (Entwurf ArbZG, a.a.O., S. 1). Der Bundesrat begrüßt in seiner Stellungnahme (ebd., S. 28) „die Absicht der Bundesregierung, mit dem vorliegenden Gesetzesentwurf das Arbeitszeitrecht zu entbürokratisieren und zusammenzufassen und den Tarifvertragsparteien im Interesse eines sachgerechten Arbeitszeitschutzes mehr Befugnisse zu übertragen".

[240] Mit einem großen Katalog der *außer* Kraft tretenden Normen.

druck! Man mag allenfalls rügen, daß eine innere systematische Ordnung nicht erkennbar ist[241]. In hohem Maße fragwürdig aber sind die Ziffern 18 und 19 des Entwurfs. Beschäftigung ist erlaubt: (Ziff. 18:) „zur Verhütung des Verderbens von Naturerzeugnissen oder Rohstoffen oder des Mißlingens von Arbeitsergebnissen" – die Fassung ist *weiter* als die bisherige in § 105c Abs. 1 Nr. 4 GewO[242].

Zweifel weckt sodann Ziff. 19: „Arbeiten, die aus chemischen, biologischen, technischen oder physikalischen Gründen einen ununterbrochenen Fortgang auch an Sonn- und Feiertagen erfordern". Das ist ein sehr dehnbarer Abweichungs- und Aufweichungstatbestand, der die Arbeitsverbotsregel substantiell treffen könnte[243].

2. Zu § 8 mit der Überschrift „Abweichende Regelungen"

Danach können gewisse Abweichungen vom Beschäftigungsverbot an Sonn- und Feiertagen in einem Tarifvertrag oder in einer Betriebsvereinbarung zugelassen werden. M.E. unterliegt das Sonn- und Feiertagsverbot als Grundsatz samt Ausnahmen voll dem sog. *Parlamentsvorbehalt*[244]. Die zu regelnde Materie ist im Blick auf die anstehenden Grund-

---

[241] Kritik auch bei *Richardi* (oben Anm. 9), S. 105. – Man kann allenfalls die beiden großen Bereiche „Beschäftigung von Arbeitnehmern in Dienstleistungsbereichen" und in „nichtgewerblichen Dienstleistungsbereichen" (vgl. Abs. 2 Nr. 1, 2, 3, 6, 7, 8 und 13) sowie in „Landwirtschaft und Tierhaltung" (Abs. 2 Nr. 14) unterscheiden (siehe den Hinweis in der Begründung des Entwurfs (a.a.O., S. 20)). Doch kommt diese Dreiteilung systematisch nicht klar genug zum Ausdruck.

[242] Siehe auch die Kritik bei *Richardi* (oben Anm. 9), S. 105ff.

[243] Kritik auch bei *Richardi* (oben Anm. 9), S. 106f. – In ihrer Begründung zu Ziff. 19 (Entwurf, a.a.O., S. 20) formuliert die Bundesregierung: „Nummer 19 enthält die notwendige Ausnahme für die chemische Industrie ... Aus wirtschaftlichen Gründen ist demzufolge die Sonn- und Feiertagsarbeit nicht zulässig. Etwaigen Mißbräuchen bei der Auslegung des gesetzlichen Grundsatzes kann durch eine Rechtsverordnung nach § 9 Abs. 1 Nr. 1 begegnet werden." – Das erscheint mir als Verharmlosung! § 7 Abs. 3 verlangt als Untergrenze, mindestens ein Sonntag im Monat müsse beschäftigungsfrei bleiben. Das erscheint angesichts des verfassungsrechtlichen Schutzauftrags in Sachen Sonntag als zuwenig (vgl. auch *Richardi*, a.a.O., S. 107). Im Vergleich mit dem geltenden § 105 Abs. 3 GewO ist „das Mindestmaß sonntäglicher Ruhe deutlich zurückgenommen" (*Richardi*, a.a.O., S. 107).

[244] Dazu wohl erstmals im Schrifttum der Begriff bei *P. Häberle*, Berufsständische Satzungsautonomie und staatliche Gesetzgebung, DVBl. 1972, S. 909ff. (Anm. 49f.), bestätigt von *W. Schmidt*, Die Verwaltungsgerichtsbarkeit ..., NJW

rechte und Gemeinwohlfragen so „wichtig"[245], daß der parlamentarische Gesetzgeber sich ihrer *selbst* annehmen muß[246]. Selbst kleine Abweichungen bzw. Ausnahmen kann er nicht aus der Hand geben bzw. den Tarifparteien überlassen. Die „Wichtigkeit" der Sonn- und Feiertagsfragen dürfte sich aus den bisherigen Grundsatzüberlegungen ergeben haben[247]. In einer parlamentarischen Demokratie wie der durch das GG konstituierten können sie nicht an autonome Gruppen delegiert werden; für ständestaatliche Tendenzen ist kein Raum[248].

3. Die Ermächtigungen in § 9

Die Bundesregierung wird in § 9 für bestimmte Fälle zum Erlaß von Rechtsverordnungen für weitere Ausnahmen ermächtigt. Man mag diese allgemeine und weiche Formulierung in Abs. 1 im Blick auf Ziff. 1 hinnehmen („zur Vermeidung erheblicher Schäden unter Berücksichtigung des Schutzes der Arbeitnehmer und der Sonn- und Feiertagsruhe"). Doch weckt Ziff. 2 c große Zweifel. Hier wird eine vage „Gemeinwohlklausel" eingebaut („aus Gründen des Gemeinwohls"). Sie ist gegen Mißbräuche nicht abgesichert und in dieser Form verglichen mit dem bisherigen Rechtszustand neu (spezielle Gemeinwohlaspekte sind ja in Ziff. 2a und

---

1978, S.1769 (1771 mit Anm. 40); im übrigen *K. Hesse,* Grundzüge des Verfassungsrechts der BR Deutschland, 16. Aufl. 1988, S.197 m.N.

[245] „Wesentlich für die Verwirklichung der Grundrechte" i.S. von BVerfGE 47, 46 (79).

[246] Siehe auch *Richardi* (oben Anm. 9), S. 109: „Der Staat kann aber den verfassungsrechtlichen Schutzauftrag für den Sonntag als Tag der Arbeitsruhe und der seelischen Erhebung nicht an die Koalitionen delegieren, sondern er muß diese Aufgabe selbst wahrnehmen. Bei Ausnahmen vom Verbot der Sonn- und Feiertagsarbeit hat deshalb er die Regelungen zu treffen, durch die gesichert wird, daß die institutionelle Garantie des Sonn- und Feiertagsschutzes nicht in ihrem Wesensgehalt beeinträchtigt wird." *Ders.,* a.a.O., S. 117: „Da die Garantie des Sonntags zu den Gemeinwohlbelangen zählt, darf der Gesetzgeber die Sicherung des Wochenrhythmus zwischen Sonn- und Werktagen nicht dem Koalitionsverfahren überlassen." – Einschränkend auch *Däubler* (oben Anm. 9), S. 12: „Diese (sc. die Tarifautonomie) kann das staatliche Recht nicht in dem Sinn ändern, daß mehr ‚werktägliche Arbeit' am Sonntag zugelassen würde." *Däubler* hält es jedoch für möglich, den Umfang zulässiger Sonntagsarbeit durch Tarifvertrag einzuschränken sowie Modalitäten („nur ein Sonntag im Monat") zu regeln.

[247] Zum Kriterium der „Wesentlichkeit" die Judikatur des BVerfG: E 33, 1 (10f.); 47, 46 (78ff.); 49, 89 (126ff.); 58, 257 (268ff.); dazu auch *K. Hesse,* Grundzüge des Verfassungsrechts der BR Deutschland, 16. Aufl., 1988, S. 197.

[248] Zur nur *beratenden* Einbeziehung pluralistischer Gruppen unten III.

88   3. Teil: Rechtspolitik „in Sachen Sonntag" — „Feiertagspolitik"?

b berücksichtigt, in Anlehnung an das bisherige Recht!). Der Hinweis auf „die zum Schutz der Arbeitnehmer und der Sonn- und Feiertagsruhe notwendigen Bedingungen" (§ 9 Abs. 1 am Ende) genügt nicht[249]!

II. Plädoyer für pluralistische Sonn- und Feiertagsbeiräte

Zur Rechtspolitik in Sachen Sonntag („Sonntagspolitik") gehört die Frage, ob pluralistisch zusammengesetzte *Beiräte* in Problem- und Streitfällen der *Ausnahmebewilligung* nach der GewO gebildet und herangezogen werden sollten. Wo Ausnahmen vom grundsätzlichen Arbeitsverbot an Sonn- und Feiertagen beantragt sind, sollte darüber nicht wie bisher von der staatlichen Verwaltung (der Gewerbeaufsicht) „intern" entschieden werden: zu sensibel ist das anstehende Problem, zu „grundsätzlich" ist (mindestens mittelbar) gerade die Entscheidung über Ausnahmen. Die kulturelle Tiefendimension der Fragen legt es nahe, von der rein „verwaltungsjuristischen" Behandlung abzugehen und einen Beirat einzurichten, der in seiner Zusammensetzung *pluralistisch* ist: Kirchen[250], Gewerkschaften, Arbeitgeber, aber auch unabhängige Wissen-

---

[249] Es ist symptomatisch, daß die *Bundesregierung* in ihrer „Gegenäußerung zur Stellungnahme des Bundesrats" (BT Drs. 11/360, S. 37 (38)) unter Ziff. 26 ausführt: „Lebenswichtigen Interessen der deutschen Industrie kann mit der Ermächtigung in § 9 Abs. 1 Nr. 2 Buchstabe c ausreichend Rechnung getragen werden." Denn damit ist eine denkbar vage Formel gewählt. Noch weiter will der *Bundesrat* gehen. Er schlägt einen neuen Buchstaben d vor: „für den Betrieb von hochmechanisierten oder automatisierten Produktionsanlagen, bei denen infolge der Mechanisierung oder Automatisierung ein erheblicher Anteil wartender, steuernder und überwachender Tätigkeit vorliegt." Denn somit wäre einfachen wirtschaftlichen Interessen Tür und Tor geöffnet. Der Bundesrat läßt dies selbst in dem Satz erkennen (ebd. S. 32): „Durch optimale Kapazitätsauslastung und Minimierung der Anfahrtszeiten und Auslaufzeiten der Maschinen könnten wesentliche Kostenentlastungen erreicht werden." Er verweist auf den „äußerst harten internationalen Wettbewerb" in Fernost und in der übrigen Dritten Welt. – Kritik an § 9 Abs. 1 Nr. 2c EArbZG auch bei A. *Mattner,* Sonn- und Feiertagsrecht, 1988, S. 135: „Sachbereiche, die dem Gemeinwohl dienen, wie Bedürfnisgewerbe, Rettungsdienste, Krankenversorgung, Gefahrenabwehr und Umweltschutz sind bereits Gegenstand einer ausführlichen Regelung im Entwurf. Völlig offen ist damit der übrigbleibende Regelungsgehalt."

[250] Insofern vorbildlich (auf der Ebene der Rechtssetzung): die neue Verf. Unterwalden ob dem Wald (1968) in Art. 9: „Die staatlich geschützten Feiertage werden nach Anhören der öffentlich-rechtlich anerkannten Kirchen durch den Kantonsrat festgesetzt" (zit. wie oben Anm. 35 a. E.). – Zum Vorbild in § 13 Abs. 1 Österr. ARG oben Anm. 237 a. E.

II. Plädoyer für pluralistische Sonn- und Feiertagsbeiräte

schaftler – Teile der pluralistischen Öffentlichkeit – sollten in ihm vertreten sein – gemäß dem offenen, pluralistischen Verständnis von Kultur[251]. Freilich kann es sich wohl nur um einen Bei*rat* handeln, die letzte Entscheidungskompetenz muß wegen des „demokratischen Legitimationszusammenhangs" *vom* Volk *zu* den Staatsorganen[252] bei der öffentlichen Verwaltung bleiben. Mittelbar würde diese aber doch ein Stück weit „pluralisiert". Der Bundesgesetzgeber sollte ermutigt werden, mindestens experimentell solche Beiräte zur GewO zu schaffen und zu erproben[253] (die Länder analog für ihre Feiertagsgesetze).

Entsprechendes gilt für die „weiteren Ausnahmen" von § 105b, die nach § 105d GewO durch *Rechtsverordnung* des Bundesministers für Arbeit geregelt werden können (Gewerbe mit „Arbeiten, welche ihrer Natur nach eine Unterbrechung oder einen Aufschub nicht gestatten" etc.), sowie für die Fälle, in denen das *Ladenschlußgesetz*[254] den *Bundesminister* für Verkehr bzw. für Arbeit ermächtigt, durch Rechtsverordnungen von der Regel abweichende Öffnungszeiten für Verkaufsstellen auf Flughäfen bzw. für bestimmte Waren wie Blumen und Zeitungen einzuführen (§§ 9, 12 LadSchlG). Soweit die *Landesregierungen* zu den von den allgemeinen Ladenschlußvorschriften abweichenden Rechtsverordnungen über den Verkauf in ländlichen Gegenden an Sonn- und Feiertagen (§ 11 ebd.), an Kur- und Erholungsorten etc. (§ 10) oder aus Anlaß von Märkten, Messen oder ähnlichen Veranstaltungen (§ 14 ebd.) ermächtigt sind, sollten auch hier Beiräte ein- bzw. dem Erlaß der Rechtsverordnungen vorgeschaltet werden. Dies um so mehr als der abstrakt-generelle Charakter der Rechtsverordnungen zu noch tief- und weitgreifenderen Ausnahmen vom Geschlossensein der Verkaufsstellen

---

[251] Dazu P. *Häberle*, Kulturpolitik in der Stadt – ein Verfassungsauftrag, 1979, S. 34ff., sowie *ders.*, Kulturverfassungsrecht im Bundesstaat, 1980, S. 14f. (siehe die Kulturbeiräte in österreichischen Kulturförderungsgesetzen!, S. 77ff.) und *ders.*, Verfassungslehre als Kulturwissenschaft, 1982, S. 16f.

[252] Vgl. BVerfGE 44, 125 (140ff.).

[253] In diesen pluralistischen Sonn- und Feiertagsbeiräten könnte eine „Vorformulierung" der oft (in sich) einander widerstreitenden pluralistischen, öffentlichen Interessen stattfinden, die Beiräte könnten als eine Art „Gemeinwohlanwälte" wirken, „Erinnerungen" an den Vertreter des öffentlichen Interesses liegen auf der Hand (dazu P. *Häberle*, Öffentliches Interesse als juristisches Problem, 1970, S. 99, 277, 669, 719 u.ö.); F. Kopp (Hrsg.), Die Vertretung des öff. Interesses in der Verwaltungsgerichtsbarkeit, 1982.

[254] Dazu oben Anm. 101.

3. Teil: Rechtspolitik „in Sachen Sonntag" — „Feiertagspolitik"?

an Sonn- und Feiertagen führt als die Einzelfallentscheidung[255]. Erst recht sollten die deutschen Länder in ihren *Feiertags*gesetzen Beiräte erproben. Solche Beiräte wären kein Fremdkörper im deutschen Recht[256].

---

[255] Entsprechendes gilt für die Ermächtigung des Bundesministers für Arbeit zu Rechtsverordnungen aufgrund § 21 b JArbSchG; dazu oben Anm. 101.

[256] So gibt es nach § 44 (*BaFöG* vom 26.8.1971 in der Fassung der Bekanntmachung vom 6.6.1983 (BGBl. I S. 645, zuletzt geändert durch das Gesetz vom 16.6.1986 (BGBl. I S. 897)) i. V. m. einer Verordnung (VO über die Errichtung eines Beirates für Bundesausbildungsförderung vom 11.11.1971 (BGBl. I S. 1801)) einen *pluralistisch* zusammengesetzten Beirat: den *„Beirat für Ausbildungsförderung"*, der den Bundesminister für Bildung und Wissenschaft berät: 1. bei der Durchführung des Gesetzes, 2. bei der weiteren Ausgestaltung der gesetzlichen Regelung der individuellen Ausbildungsförderung und 3. bei der Berücksichtigung neuer Ausbildungsformen. In den Beirat sind „neben Vertretern der an der Ausführung des Gesetzes beteiligten Landes- und Gemeindebehörden sowie der Bundesanstalt für Arbeit Vertreter der Lehrkörper der Ausbildungsstätten, der Auszubildenden, der Elternschaft, der Wirtschafts- und Sozialwissenschaften, der Arbeitgeber sowie der Arbeitnehmer zu berufen". – Nach dem *Postverwaltungsgesetz* vom 24.7.1953 (BGBl. I S. 676, zuletzt geändert am 27.6.1986, BGBl. I S. 946) gibt es einen *pluralistisch zusammengesetzten Verwaltungsrat* (§ 5) mit Vertretern u. a. des Bundestags, der „Gesamtwirtschaft", des Personals der BP und Sachverständigen auf dem Gebiet des Nachrichten- und Finanzwesens. Nach § 14 erläßt der Bundesminister für das Post- und Fernmeldewesen nach Maßgabe der Beschlüsse des Verwaltungsrats oder der Bundesregierung die Rechtsverordnungen über die Bedingungen und Gebühren für die Benutzung der Einrichtungen des Post- und Fernmeldewesens. Dieses echte Mitbestimmungsrecht des Verwaltungsrats ist freilich umstritten (vgl. *K. A. Bettermann,* Legislative ohne Posttarifhoheit?, 1967, S. 4ff. (zulässig wäre nur eine Anhörung des Verwaltungsrates, S. 8). – Nach dem *Bayerischen Landesplanungsgesetz* i. d. F. vom 4.1.1982 (BayRS 230-1-U) gibt es einen pluralistisch zusammengesetzten *Planungsbeirat* (Art. 12 Abs. 1: „Vertreter von Organisationen des wirtschaftlichen, sozialen, kulturellen und kirchlichen Lebens, deren Aufgaben durch raumbedeutsame Planungen und Maßnahmen berührt werden"). Er ist nach Art. 14 bei der Aufstellung des Landesentwicklungsprogramms *„zu hören"*. Die im LEP enthaltenen Ziele der Raumordnung und Landesplanung werden dann von der Staatsregierung mit Zustimmung des Landtags als Rechtsverordnung beschlossen. Entsprechende Anhörungsrechte bestehen bei „fachlichen Programmen und Plänen" nach Art. 16 sowie bei Regionalplänen nach Art. 18. – Pluralistisch zusammengesetzte Beiräte finden sich ferner im *GüKG* i. d. F. vom 10.3.1983, BGBl. I 1983, S. 256, zuletzt geändert durch Gesetz vom 16.12.1986 (BGBl. I 1986, S. 2443), §§ 61, 62, 63. – Das *BSHG* vom 30.6.1961 (BGBl. I 1961, S. 815, Neufassung 1987 BGBl. I S. 401) kennt in § 114 die „Beteiligung sozial erfahrener Personen" vor dem Erlaß allgemeiner Verwaltungsvorschriften, der Festsetzung der Regelsätze (Abs. 1), aber auch vor dem Erlaß des Bescheids über einen Widerspruch gegen die Ablehnung der Sozialhilfe (Abs. 2). – Nach § 5 *TVG* vom 9.4.1949 i. d. F. vom 25.8.1969 (BGBl. I 1969, S. 1323) erfolgt die *Allgemeinverbindlichkeitserklärung eines Tarifvertrags* „im Einvernehmen mit einem aus je drei Vertretern der Spitzenorganisationen der Arbeitgeber und der Arbeitnehmer bestehenden *Ausschuß*". Abs. 2 sieht ein Recht auf Stellung-

III. „Feiertagspolitik" im Verfassungsstaat

Am Schluß dieses rechtspolitischen Ausblicks ein Wort zur Feiertagspolitik im Verfassungsstaat oder Verfassungspolitik in Sachen *Feiertags*garantien[257]; die hier vertretene *grundsatz*orientierte „*Sonntags*politik" ist ja schon entfaltet worden[258].

So wie das Werden von Feiertagen *eine* Ausdrucksform des Wachstumsprozesses verfassungsstaatlicher Verfassungen sein kann (geglücktes Beispiel ist der *Martin-Luther-King*-Tag in den USA), so wie sich inoffizielle „Oppositionstage" im Rückblick als Etappen der Entwicklung zum Verfassungsstaat darstellen können (z.B. das Hambacher Fest), so wie heute der „Soweto-Tag" der Schwarzen am 16. Juni in Südafrika ein Vehikel dieses Landes auf dem zukünftigen Weg zum die Rassen einander gleichstellenden und sie verbindenden Verfassungstag werden kann, so ist „Feiertagspolitik" und „Feiertagspflege" als solche eine legitime Form von „Öffentlichkeitsarbeit" im Verfassungsstaat: im Rahmen und in den Grenzen der erwähnten verfassungskulturellen Bedeutung der Feiertage. Denn auch Demokratie bedarf der „Pflege", auch zu den Grundfreiheiten muß der junge Mensch „erzogen" werden: im Rahmen der Erziehungsziele im Verfassungsstaat[259]. Das Ob der Schaffung, ggf. auch Abschaffung von Feiertagen (Beispiele gibt es in Italien)[260] und das Wie ihrer Ausgestaltung ist Sache des Nachdenkens über und Handelns

---

nahme bzw. Äußerung für betroffene Arbeitgeber, Arbeitnehmer, Gewerkschaften etc. vor. – Aus der Lit.: *W. Maus*, Beteiligung von Ausschüssen an Verwaltung und Normsetzung im Arbeitsrecht, FS W. Bogs, 1959, S. 169 ff., bes. S. 184 ff. – Siehe auch die *Bundesprüfstelle für jugendgefährdende Schriften*, die nach dem Gesetz über die Verbreitung jugendgefährdender Schriften vom 9.6.1953 (BGBl. I S. 377) in der Fassung der Bekanntmachung vom 12.7.1985 (BGBl. I S. 1502; BGBl. III 2161 – 1) als pluralistisch zusammengesetztes (§ 9 GjS), unabhängiges (§ 10) Gremium über die *Aufnahme einer Schrift in die Liste der gefährdeten Schriften* entscheidet (§ 11 Abs. 1).

[257] Zum folg. bereits *P. Häberle*, Feiertagsgarantien, 1987, S. 36, 61 ff.

[258] Ein Ausblick auf die „gesetzgebungspolitische Lage" seiner Zeit schon bei *O. Naß*, Das Recht der Feiertagsheiligung, 1929, S. 85 ff., der hier auf den Streit um die „kulturelle Ausgestaltung" des Sonntags eingeht und auf das Wort *Bismarcks* verweist (S. 87), „wie mächtig die Sitte darin sei" (sc. in der Sonntagsheiligung).

[259] Vgl. *P. Häberle*, Erziehungsziele und Orientierungswerte im Verfassungsstaat, 1984; *ders.*, Verfassungsprinzipien als Erziehungsziele, in: FS H. Huber 1981, S. 211 ff.

[260] Dazu meine Schrift Feiertagsgarantien, 1987, S. 37.

für „gute" Verfassungen, so viel hier dem in konkreten historischen Prozessen gewordenen und sich weiterentwickelnden nationalen Verfassungsstaat zukommt. Zwar bleibt es bei dem Satz, daß im Verfassungsstaat Feiertage nicht von oben „verordnet" werden dürfen, daß sie nur ein „Angebot" sind, das die Bürger annehmen *können*. Gleichwohl muß der Verfassungsstaat dem kulturanthropologischen Bedürfnis nach Feiertagen – mit (Augen)Maß – nachkommen.

Relevant werden: Fragen des Entweder/Oder bzw. Sowohl-als-Auch von *allgemeiner* Feiertagsgarantie als institutioneller Garantie *i. V.* mit der Sonntagsgarantie einerseits (offen für gesetzlich neu zu schaffende Feiertage), *speziellen* Feiertagsgarantien (wie des 1. Mai) andererseits (was Differenzierungen in den Bezugswerten und in den Intensitätsstufen des Feiertagsschutzes ermöglicht), die Frage der systematischen Plazierung der Feiertage im Verfassungstext (bei Grundlagenartikeln wie in Baden-Württemberg?), die Normierung der Bezugswerte bzw. Bekenntnisinhalte (ein Ausschnitt aus oder Konzentrat von Grundwerten der Verfassung wie „soziale Gerechtigkeit", „nationale Einheit", „Völkerfreundschaft", etwa beim 1. Mai). Zu befürworten ist eine textliche Anbindung der Feiertagsgarantie an das Verfassungsprinzip *Sonntag* (wie in Art. 139 WRV/140 GG). Letztlich sind beide den Werktag durchbrechende Tage innerlich miteinander verknüpft, in ihren Chancen wie in ihren Gefährdungen (gerade heute in der „Freizeitgesellschaft"). *Welche* Feiertage *wie* gelebt werden, ist freilich in offenen Gesellschaften Sache aller Bürger und Gruppen, auch im Gang der Verfassungsgeschichte. Speziell die *Wissenschaft* kann hier wie „im Sinne des Sonntags" nur als Ratgeber und nur *begleitend* arbeiten, nicht mehr, dies aber entschieden: notfalls am *Sonntag!*

Zusammenfassung in Leitsätzen

Einleitend zur Aktualität der Sonn- und Feiertagsproblematik: Das *Sonntags*-Thema beschäftigt heute die Kirchen in Deutschland (und in der Schweiz) in einer „heiligen Allianz" mit den Gewerkschaften sowie zunehmend weite Teile der pluralistischen Öffentlichkeit. Verteidigt wird das Prinzip Sonntag als „Zentralwert unserer Kultur" gegen die Doppelfront der Forderung nach „vollkontinuierlichem Arbeiten" aus wirtschaftlich-technischen Gründen (vor allem in der Chip-Produktion) einerseits und des freizeitorientierten Dienstleistungssektors und seiner wachsenden Ausnahmen vom sonntäglichen Arbeitsverbot andererseits. – Das *Feiertags*thema verdient größtes Interesse der Staatsrechtslehre, z.B. im Blick auf den neuen Martin-Luther-King-Tag der USA, den inoffiziellen „Soweto-Tag" der Schwarzen in Südafrika oder „schwierige" (National-)Feiertage in Deutschland.

Die vergleichende Bestandsaufnahme (Erster Teil) untersucht die verfassungsrechtlichen Garantien des Sonn- und Feiertagsschutzes in den Verfassungsstaaten der westlichen Demokratien, im GG und in den deutschen Länderverfassungen. Modellcharakter hat nach wie vor Art. 139 WRV (bzw. Art. 140 GG) in seinen *beiden* Dimensionen („Tage der Arbeitsruhe und der seelischen Erhebung"), wobei dieses gemeindeutsche Sonn- und Feiertags*prinzip* ungeschriebene oder geschriebene *Ausnahmen* (vgl. Art. 55 Abs. 4 Verf. Bremen) zuläßt. – Ein Vergleich der *Feiertage* westlicher Demokratien ergibt eine große Vielfalt, die sich aber unter bestimmten Aspekten systematisieren läßt (formal, inhaltlich etc.). – Der Sonn- und Feiertagsschutz im Spiegel des *einfachen deutschen Rechts* führt in die verschiedensten Felder: insonderheit die Ausnahmetatbestände der GewO, die Schutznormen und Ausnahmeklauseln der Sonn- und Feiertagsgesetze der Länder, das LadenschlußG, das JArbSchG und andere Arbeitsgesetze, die StVO bis hin zum Schul- und Medienrecht.

Die kulturanthropologische bzw. verfassungstheoretische Begründung des allgemeinen Sonntags bzw. der „speziellen" Feiertage *(Zweiter Teil)* geht von der als „juristische Text- und Kulturwissenschaft" verstandenen Verfassungslehre aus. *Sonntage* sind ein Stück „Verfassungskultur",

Feiertage (z.B. der 14. Juli in Frankreich oder der 1. August in der Schweiz) „kulturelle Identitätselemente" des jeweiligen Verfassungsstaates. – „Sonntagskultur", „Feiertagsverhalten", „Bedürfnisse der Freizeitgesellschaft" sind Stichworte eines zugleich wirklichkeitsorientierten Ansatzes. Die Normativität des konstitutionellen Sonntags*prinzips* kann zwar von der Normalität des allgemeinen Sonntagsverhaltens nicht absehen, doch ist am Sonntagsgrundsatz des GG als „institutioneller Garantie" mit eng begrenzten Ausnahmen festzuhalten. Die Prinzipien der Sonntags*ruhe* und der „*seelischen Erhebung*" stehen im *Dienste* bestimmter, vor allem *kultureller* Grundrechte des GG, wie Art. 4 (Religionsfreiheit), 6 (Ehe und Familie), 5 Abs. 3 (Kunst und Wissenschaft), 9 (Vereine und andere Vergemeinschaftungsformen wie Versammlungen, Nachbar- und Freundschaften), letztlich auch der Menschenwürde (Art. 1 Abs. 1 GG). Überdies verlangen „menschenwürdige", „gerechte" Arbeitsbedingungen (vgl. Art. 30 Abs. 1 Verf. Hessen, Art. 2 ESC) und der Gesundheitsschutz (Art. 2 Abs. 2 GG) den Wochen-/Sonntagsrhythmus. Zur Sonntagskultur, Teil der conditio humana, gehören neben den „Lustbarkeiten" der GewO auch Muße, Balancen im psychischen und physischen Bereich, in Deutschland auch der aktivbürgerliche Status (§ 16 BWahlG: Sonntag als Wahltag). Dieser *positive*, der gesetzlichen Ausgestaltung bedürftige Zusammenhang zwischen den Grundrechten und dem Sonntag (Stichwort: grundrechtsorientiertes Sonntagsverständnis, Sonntagswirklichkeit als „Grundrechtserfüllung", auch dank des „Sonntags- und Bedürfnisgewerbes") wurde bislang zugunsten von (fortbestehenden) negativen „Kollisionslagen" mit Grundrechten (wie Art. 12 und 14 GG) vernachlässigt. Allerdings bleibt es in einer „Verfassung der Freiheit und des Pluralismus" im Rahmen der allgemeinen Arbeitsruhe beim „Angebotscharakter" der Sonn- und Feiertage (und der in diesen versinnbildlichten Grundwerte, z.B. Art. 25 Abs. 2 Verf. NRW: 1. Mai als Bekenntnis zu „Freiheit und Frieden, sozialer Gerechtigkeit, Völkerversöhnung und Menschenwürde"). Für die gesetzgeberische Zulassung von Ausnahmen und die Interpretation des Gesamtsystems des „Ausnahmenrechts" in den Sonn- und Feiertagsgesetzen bzw. der GewO genügen rein (betriebs-)wirtschaftliche und technische Interessen allein nicht: Der Sonntag hat seine – vom GG gewollten! – wirtschaftlichen Kosten – um seines Menschenwürdebezugs willen.

Der rechtspolitische Ausblick (Dritter Teil) gilt Fragen des Entwurfs eines Arbeitszeitgesetzes des Bundes (1987), einem Plädoyer für die Einrichtung pluralistisch zusammengesetzter Sonn- und Feiertagsbeiräte sowie dem Problem „Feiertagspolitik" in einem Verfassungsstaat wie dem vom GG konstituierten.

Nachtrag zu bzw. „Fortschreibung" von:
Der Sonntag als Verfassungsprinzip

Einleitung

Monographien zu einem verfassungsrechtlichen Thema sind m.E. nach wie vor die tiefste, wissenschaftlich fruchtbarste Literaturgattung, jedenfalls dann, wenn sie zum „rechten Zeitpunkt" publiziert werden und wenigstens in ihrer Entstehungszeit primäre Forschungsliteratur sind. Das darf vielleicht für die vorliegende in Anspruch genommen werden. Denn nach ihrem Erscheinen kam es zu *Colloquien* zum selben Thema[1], zu großflächigen *Kommentaren*[2], *Handbuchartikeln*[3], zu *Grundlagenaufsätzen*[4], *Reden*[5], Beiträgen zu *Festschriften*[6], *Lexikon*-Artikeln[7] und zu mannigfachen anderen Arbeiten, etwa *Gutachten*[8], die dankenswer-

---

[1] Essener Gespräche zum Thema Staat und Kirche, Bd. 24 (1990) mit Referaten u. a. von *A. Pahlke* und *R. Richardi.* – Das Buch von *A. Mattner,* Sonn- und Feiertagsrecht, 1988 (2. Aufl. 1991) erschien fast gleichzeitig mit der Monographie des Verfassers zum „Sonntag als Verfassungsprinzip".

[2] Z. B. *T. Hoeren/A. Mattner,* Feiertagsgesetze der Bundesländer, 1989; M. Sachs (Hrsg.), GG, mit dem Beitrag von *D. Ehlers,* 3. Aufl. 2003, Art. 140 GG/Art. 139 WRV; H. Dreier (Hrsg.), Grundgesetz, mit dem Beitrag von *M. Morlok* zu Art. 139 WRV; Mangoldt-Klein-Starck (Hrsg.), GG, Bd. 3, 4. Aufl. 2001 mit dem Beitrag von *A. v. Campenhausen* zu Art. 139 WRV; *R. Buschmann/J. Ulber,* ArbZG, 3. Aufl. 2000.

[3] *K.-H. Kästner,* HStKiR II 2. Aufl. (1995), S. 337 ff.; *A. Hollerbach,* HdbStR VI (1989), § 140, RdNr. 60–64.

[4] Z. B. *K.-H. Kästner,* Sonn- und Feiertage zwischen Kultus, Kultur und Kommerz, DÖV 1994, S. 464 ff.; *J. Winter,* Zum rechtlichen Schutz von Sonn- und Feiertagen, KuR 1998, S. 125 ff.; *H. de Wall,* Zum subjektiven Recht der Kirchen auf den Sonntagsschutz, NVwZ 2000, S. 857 ff.; *M. Morlok/H. M. Heinig,* Sonn-und Feiertagsschutz als subjektives Recht ..., NVwZ 2001, S. 846 ff.; *L. Renck,* Sonn- und Feiertagsschutz im bekenntnisneutralen Staat, ThürVBl. 2002, S. 173 ff.; *N. Arndt/M. Droege,* Versammlungsfreiheit versus Sonn- und Feiertagsschutz, NVwZ 2003, S. 906 ff.; als Dissertation bemerkenswert: *F. Stollmann,* Der Sonn- und Feiertagsschutz nach dem Grundgesetz, 2004.

[5] *P. Kunig,* Der Schutz des Sonntags im verfassungsrechtlichen Wandel, 1989.

[6] *W. Rüfner,* Die institutionelle Garantie der Sonn- und Feiertage, FS M. Heckel, 1999, S. 447 ff.; *J. Dietlein,* Feiertagsrecht, FS Rüfner, 2003, S. 131 ff.

[7] *D. Pirson,* Art. „Sonn- und Feiertage II, Juristisch", in: EVStL 3. Aufl. (1987), Bd. 2 Sp. 3149 ff.

terweise meist auf das Buch von 1988 Bezug nahmen. Auch die *Rezensionsliteratur* reagierte freundlich und vielfältig[9].

Monographien lassen sich nicht – wie etwa Kommentare und Kurzlehrbücher sowie Handbuch-Artikel – einfach „aktualisieren". Sie sind von ihrem „urzeitlichen" Entstehungsvorgang her zu begreifen und stellen, wenn es „hoch" kommt, einen Mosaikstein im Gesamtrahmen der weiter wachsenden wissenschaftlichen Arbeiten eines Verfassers dar. So sind der „Sonntag" (1988) und die historisch fast parallelen „Feiertagsgarantien" (1987) zuvor eine kleine Etappe auf den langen Versuchswegen des Verfassers in Sachen „Rechtsvergleichung im Kraftfeld des Verfassungsstaates" (1992) und „Verfassungslehre als Kulturwissenschaft" (1982), welche letztere in zweiter, stark erweiterter Auflage denn auch 1998 erschienen ist[10] (besonderes Stichwort: „Verfassungsvergleichung als Kulturvergleichung"). So bot sich wie im Falle der dritten Auflage des „Menschenbildes im Verfassungsstaat" (2005) oder der zweiten Aufl. von „Öffentliches Interesse als juristisches Problem" (2006) auch hier und heute nur die Möglichkeit eines „Nachtrags" oder freundlicher (und „unbescheidener") gesagt einer „Fortschreibung" an.

In den Jahren seit 1988[11], d. h. seit der 1. Auflage, kam es zu zwei Vorgängen, die belegen, dass das Problem des Sonntags (und der Feiertage) unverändert aktuell ist. Zum einen erschien im Juni 2004 ein Grundsatzurteil des BVerfG (E 111, 10); zum anderen kam es 2004 zu einem Vorgang im politischen Zeitgeschehen, der eine große Herausforderung an einen bestimmten deutschen Feiertag als „kulturelles Identitätselement des Verfassungsstaates" stellte: die vom damaligen Bundesfinanzminister *H. Eichel* und dem seinerzeitigen Kanzler *G. Schröder* beabsichtigte Streichung des Tages der Deutschen Einheit, d. h. des 3. Oktober als fes-

---

[8] *R. Richardi,* Grenzen industrieller Sonntagsarbeit, 1988; *K.-G. Loritz,* Möglichkeiten und Grenzen der Sonntagsarbeit, 1989; *E. Benda,* Probleme der industriellen Sonntagsarbeit, 1991; *R. Richardi / G. Annuß,* Sonn- und Feiertagsarbeit unter der Geltung des Arbeitszeitgesetzes, 1999.

[9] Z. B. *A. Pahlke,* NVwZ 1991, S. 151; *D. Pirson,* ZevKR 1992, S. 108; *O. Kimminich,* DÖV 1989, S. 1098.

[10] Dazu *W. Brugger,* AöR 126 (2001), S. 271 ff.

[11] Schon 1988 war BVerwG DÖV 1988, S. 647 als Grundsatzentscheidung ergangen: „Institution des Sonntages als ein Grundelement des sozialen Zusammenlebens und der staatlichen Ordnung". S. auch BVerwG DÖV 1993, S. 301 („frei von werktäglicher Geschäftigkeit"). Aus dem Bereich anderer hoher Gerichte: OlG Karlsruhe NVwZ 1991, S. 504: „Recht des Mitmenschen auf von Arbeitsruhe und Besinnung geprägte Sonn- und Feiertage". – Der HessVGH NVwZ 2000, S. 430 arbeitet mit dem Topos: „Institut im Kern", „keine grundsätzliche Einebnung von Werk- und Feiertagen". – Zu gewerblichen Autowaschanlagen: BayVGH, BayVBl. 1992, S. 83.

tem Feiertag. Ein Aufschrei in der kritischen Öffentlichkeit und ein mehr oder weniger diskretes Eingreifen des neuen Bundespräsidenten *H. Köhler* führten zum Glück zur relativ raschen „Beerdigung" dieses Plans einer technokratischen Opferung des Tages der Deutschen Einheit um unverblümt ökonomisch/fiskalischer Interessen willen. Damals zeigte sich, dass das politische Gemeinwesen „Deutschland" sich des tieferen Sinnes selbst eines relativ „neuen Feiertages" durchaus bewusst sein kann: Das Glück der Wiedervereinigung wurde als solches empfunden. Zwar ging es nicht um den *„Sonntag* als Verfassungsprinzip". Angesichts des tiefen Zusammenhangs von Sonntag und Feiertagen ist der seinerzeit und auch im Rückblick unwürdige Vorstoß einer geschichtsvergessenen deutschen Bundesregierung gleichwohl auch in dieser „Fortschreibung" festzuhalten und als solcher zu brandmarken. In anderen europäischen Kulturnationen wäre ein derartiges Vorpreschen einer demokratisch gewählten Regierung wohl kaum möglich. Deutschland als vielzitierte „verspätete Nation" war endlich einmal „angekommen".

Im Folgenden kann es nicht darum gehen, mit der Fülle der einschlägigen Kommentar-, Handbuch-, Aufsatz- und sonstigen Literatur in Sachen Aktualisierung zu wetteifern. Es geht eher darum, die 1988 bzw. 1987 unternommenen verfassungstheoretischen und rechtsvergleichend erarbeiteten Grundlinien an zwei konkreten Beispielen weiter auszuziehen und das „neue Material" in der Verfassungswelt der 90er Jahre sowie danach, zum Teil sogar weltweit, zu sichten. Verfassungs*texte* bilden zusammen mit der *Praxis* (besonders der Gerichte) und den *Theorien* (besonders der Wissenschaft) als Trias die „Welt des Verfassungsstaates"[12]. Speziell die Texte und ihre „Stufen" eröffnen einen *ersten* Zugang zu dem „Problembereich" Sonntag bzw. Feiertage. Ein Inkurs unter III dient diesem und bereitet neues Material in Sachen Feiertage auf. Der europäische, auch weltweite Blick auf beide Themen – Sonntage wie Feiertage[13] – geschieht unterfüttert durch den vom Verfasser seit 1979/82 unternommenen *kulturwissenschaftlichen* Ansatz.

Die hier versuchte Fortschreibung der Monographie über den „Sonntag als Verfassungsprinzip" kann und will die „naheliegende" Feiertagsproblematik bzw. die einschlägige Monographie von 1987 ebenfalls

---

[12] So der Titel des dem Verf. gewidmeten liber amicorum, Tübingen 2004.

[13] Schon ein kleiner Streifzug durch die Schlagzeilen von Tageszeitungen zeigt, wie das Sonn- und Feiertagsproblem aktuell in den unterschiedlichsten Kontexten auftaucht: „Der Ärger über den Feiertagshandel an den Börsen wächst" (FAZ vom 15. Juni 2001, S. 25); „Weniger Feiertage statt längerer Arbeitszeit" (FAZ vom 12. Juli 2004, S. 11); „Streit um Feiertage belebt Arbeitszeitdebatte" (FAZ vom 8. November 2004, S. 1); „Zehn Länder geben den Ladenschluss zur WM frei, Auch begrenzte Sonntagsöffnung" (FAZ vom 7. Januar 2006, S. 119).

„fortschreiben". Insofern geht es in dem folgenden Text um Nachträge zu *zwei* innerlich von Anfang an zusammengehörenden Monographien. Soweit Europa in den Blick kommt, ist auf die Monographie „Europäische Verfassungslehre" (1. Aufl. 2001/2002 bzw. 4. Aufl. 2006) zu verweisen. Das Sonntags- und Feiertagsrecht ist ein typisches Beispiel für das, was im Europäischen Verfassungsrecht als „nationale Identität" geschützt ist (Art. 6 Abs. 3 EUV). Freilich mag es auch zu einem spezifisch europäischen Feiertag kommen (als „Europatag": 9. Mai): so nach dem Entwurf eines Verfassungsvertrages für Europa (Art. IV-1). Bislang figuriert der 5. Mai als „Europatag" (Gedenktag).

I. Neuere verfassungsstaatliche Sonntagsgarantien

Angesichts der ökonomischen Bedrohung des „Prinzips Sonntag" in der modernen Arbeitswelt darf man gespannt sein, ob und wie neuere Verfassunggeber reagieren: Wagen sie noch eine ausdrückliche Sonntagsgarantie? In welchen Formen? Knüpfen sie an den überkommenen Textbestand an oder schweigen sie zu dem Sonntagsthema in der Erwartung, der einfache Gesetzgeber werde sich des Problems annehmen? Wird also das Thema „entkonstitutionalisiert"?

1. Deutschland, insbesondere die Verfassungen der neuen Bundesländer

Gab es in den westdeutschen Bundesländern seit ihrer Konstituierung nach 1945[14] einen festen Bestand an Sonntagsgarantien, so durfte man neugierig sein, wie die *ost*deutschen Bundesländer nach 1989 sich des Themas annehmen. Der „bequemste" Weg war eine Rezeption der Sonntagsklausel des Art. 139 WRV. Ihn wählte die Verfassung von *Mecklenburg-Vorpommern* von 1993 (Art. 9) und erstaunlicherweise auch die sonst so eigenständige und eigenwillige Verf. *Sachsen* von 1992 (Art. 109 Abs. 4, obwohl dessen Abs. 1 die Kirchen aufwertet in den Worten: „Die Bedeutung der Kirchen und Religionsgemeinschaften für die Bewahrung und Festigung der religiösen und sittlichen Grundlagen des menschlichen Lebens wird anerkannt"). Auch Verf. *Sachsen-Anhalt* von 1992 rezipiert in Art. 32 Abs. 5 en bloc das Weimarer „Staatskirchenrecht"

---

[14] Aus den Landesverfassungen der Weimarer Zeit sind nachzutragen: Art. 100 Verf. Danzig (1922), Art. 17 Abs. 8 Verf. Mecklenburg-Schwerin (1920), § 16 Abs. 2 Verf. Oldenburg (1919); alle Sonn- und Feiertagsgarantien sind zit. nach F. Wittreck (Hrsg.), Weimarer Landesverfassungen, 2004.

und damit auch die Sonntagsgarantie des Art. 139 WRV. Gleiches gilt (leider) für die Verf. *Thüringen* von 1993 (Art. 40).

Die – freilich ohnehin innovationsreichste und um eine eigene Landesidentität ringende – Verf. *Brandenburg* von 1992 wagt Neues und Altes in ihrem Sonn- und Feiertagsartikel 14. Er lautet:

> „(1) Das Land schützt die Sonntage und staatlich anerkannten Feiertage als Tage der Arbeitsruhe.
>
> (2) Die mit Sonn- und Feiertagen verbundenen Traditionen sind zu achten.
>
> (3) Das Nähere regelt ein Gesetz."

Bemerkenswert ist – neben dem Verweis auf Traditionen – die systematische Platzierung im 2. Abschnitt des 2. Hauptteils („Grundrechte und Staatsziele"), der dem Thema „Freiheit, Gleichheit und Würde" gewidmet ist, während die erwähnten, die WRV rezipierenden Verfassungen die Sonn- und Feiertagsgarantie im Kontext ihrer Regelungen zu Religions- und Weltanschauungsgemeinschaften belassen.

Die Verf. *Berlins* von 1995 normiert ihren ausdrücklichen Sonn- und Feiertagsartikel 35 im Abschnitt II „Grundrechte, Staatsziele". Er lautet:

> „(1) Der Sonntag und die gesetzlichen Feiertage sind als Tage der Arbeitsruhe geschützt.
>
> (2) Der 1. Mai ist gesetzlicher Feiertag."

Der 1. Mai, unmittelbar nach der „Wende" 1989 im kollektiven Bewusstsein durch seine Instrumentalisierung durch die totalitäre SED noch diskreditiert, kehrt also wenigstens in Berlin später wieder.

Das wirklich Spannende ist aber die *Vorgeschichte* der einschlägigen textlichen Regelungen in Ostdeutschland. Eine Analyse der frühen Textentwürfe führt zu folgenden Erkenntnissen:

Der frühe Entwurf der „Arbeitsgruppe Landesverfassung Brandenburg" von 1990[15] sagt in Art. 37 kurz und bündig: „Die Sonntage und die anderen gesetzlich anerkannten Feiertage werden geschützt". Der Entwurf der „Gruppe 20" Sachsen von 1990[16] enthält einen besonders reichen Sonn- und Feiertags-Artikel 11, der hier ausdrücklich zitiert sei:

> „(1) Der Sonntag ist in ganz Sachsen staatlich anerkannter Feiertag.
>
> (2) Alle in allen deutschen Ländern gesetzlichen Feiertage sind gesetzliche Feiertage auch in ganz Sachsen.

---

[15] Zit. nach JöR 39 (1990), S. 387 ff.

[16] Zit. nach JöR ebd. S. 427 ff.

I. Neuere verfassungsstaatliche Sonntagsgarantien 101

(3) Weitere Tage können durch Gesetz zu gesetzlichen Feiertagen für ganz Sachsen, zu gesetzlichen Feiertagen in sächsischen Landesteilen oder zu Feiertagen einer nationalen Minderheit erklärt werden.

(4) Der 8. Oktober ist in ganz Sachsen als Tag des Nationalen Neubeginns ein gesetzlicher Feiertag.

(5) Wo gesetzliche Feiertage gelten, ist Arbeitsruhe überall dort, wo nicht dringende Erfordernisse der Menschlichkeit, des Katastrophenschutzes oder technischer Art sowie Grunderfordernisse des Zusammenlebens oder verfassungsmäßigen Ordnung Anderes gebieten.

(6) Angehörige nationaler Minderheiten können in Sachsen ohne irgendwelche Nachteile in ihren Arbeits- oder Dienstverhältnisse ihre besonderen gesetzlich festgelegten Feiertage begehen, egal wo sie innerhalb des Landes Sachsen wohnen."

Bemerkenswert ist vieles: die „naive" Übernahme aller Feiertage der anderen deutschen Länder für Sachsen, die Ermöglichung von „Feiertagen einer nationalen Minderheit"[17], die Bestimmung des 8. Oktober als „Tag des Nationalen Neubeginns" und die Benennung von Ausnahmen von der Arbeitsruhe („dringende Erfordernisse der Menschlichkeit, des Katastrophenschutzes oder technischer Art sowie Grunderfordernisse des Zusammenlebens oder der verfassungsmäßigen Ordnung"). Verfassungspolitisch kann dieser Entwurf gar nicht überschätzt werden. In einzelnen Elementen ist er wegweisend und kreativ.

Um so bedauerlicher ist, dass demgegenüber der wohl spätere sog. Gohrische Entwurf in Sachsen von 1990[18] fast nichts davon übrig lässt. Art. 110 verweist einfach auf die „Bedeutung der Kirchen und die Weimarer Kirchenartikel". In *Sachsen-Anhalt* regelt ein früher Entwurf des Landtages von 1990[19] eingehend die Kirchen und Religionsgemeinschaften (Art. 41 bis 48), „vergisst" aber die Sonn- und Feiertagsthematik.

In und für *Brandenburg* lassen sich aus der Vorgeschichte seiner Verfassung beachtliche *Textstufen* herauspräparieren, auch schöpferische Varianten in Sachen Sonn- und Feiertagsgarantien nachweisen. Im zweiten, sog. „überarbeiteten Entwurf" von 1990[20] heisst es in Art. 46:

„Die Sonntage und andere gesetzlich anerkannte Feiertage sind arbeitsfrei. Im Interesse des Gemeinwohls sind Ausnahmen zulässig."

Symptomatisch ist diese Norm im Abschnitt „Wirtschaft, Arbeit und Soziales platziert" – aus Westdeutschland bekannt. Beachtung verdient

---
[17] Zu denken wäre langfristig an einen Feiertag für Muslime.
[18] Zit. nach JöR 39 (1990), S. 455 ff.
[19] Zit. nach JöR 39 (1990), S. 455 ff.
[20] Zit. nach JöR 40 (1991/92), S. 366 ff.

der Ausnahme-Gemeinwohltatbestand, eine gängige Form der Gemeinwohltypologie[21]. Der spätere, von einem Ausschuss des Parlaments entworfene Text von 1991[22] rückt den Sonn- und Feiertagsartikel in den Abschnitt „Freiheit, Gleichheit und Würde" ein. Art. 15 lautet:

> „(1) Das Land schützt die Sonntage und staatlich anerkannten Feiertage als Tage der Arbeitsruhe.
>
> (2) Die mit Sonn- und Feiertagen verbundenen Traditionen sind zu achten."

Ein Blick nach *Thüringen*. Der vom Justizministerium Rheinland-Pfalz 1990 vorgelegte Verfassungsentwurf[23], also ein Beispiel für den Versuch von verfassungsrechtlichem „Westimport", schlägt im Abschnitt „Kirchen und Religionsgemeinschaften" eine bemerkenswerte Variante vor. Art. 31 lautet: „Der Sonntag und die staatlich anerkannten Feiertage bleiben als Tage der Arbeitsruhe, der Erholung und des Gottesdienstes gesetzlich geschützt". Damit nennt diese Textstufe Stichworte, die in den überreichen wissenschaftlichen Sonn- und Feiertagskulturen immer wieder auftauchen – vorher und nachher.

Wie lebhaft die Verfassungsdiskussion in *Brandenburg* war, zeigte die Vielzahl der Entwürfe und ihr Variantenreichtum im Ganzen. Als relativ gefestigt erweist sich aber speziell der Sonn- und Feiertagstext. Der Verfassungsentwurf von SPD/CDU/PDS, FDP und Bündnis 90 vom 31. Dezember 1991[24] bleibt bei dem älteren Textvorschlag des Verfassungsausschusses und normiert in Art. 14 ebenfalls im Abschnitt „Freiheit, Gleichheit und Würde":

> „(1) Das Land schützt die Sonntage und staatlich anerkannten Feiertage als Tage der Arbeitsruhe.
>
> (2) Die mit Sonn- und Feiertagen verbundenen Traditionen sind zu achten."

Der Ausnahme-Gemeinwohltatbestand ist leider entfallen, die Traditionsklausel (eine Art kulturelles Erbe-Klausel) blieb.

Im Ganzen zeigt sich wieder einmal: Das Textstufenparadigma[25] bewahrheitet sich. Produktionen und Rezeptionen aus der juristischen *Trias* von Texten, Theorien (Literatur) und Praxis (besonders der Judikatur) arbeiten an einem Verfassungsproblem, das dann vorläufig zu einem be-

---

[21] Dazu *P. Häberle*, Öffentliches Interesse als juristisches Problem, 1. Aufl. 1970, S. 172 ff.; 2. Aufl. 2006, S. 172 ff., 778.

[22] Zit. nach JöR 40 (1991/92), S. 378 ff.

[23] Zit. nach JöR 40 (1991/92), S. 459 ff.

[24] Zit. nach JöR 41 (1993), S. 111 ff.

[25] Erstmals konzipiert von *P. Häberle*, Textstufen als Entwicklungswege des Verfassungsstaates, FS Partsch, 1989, S. 595 ff.

stimmten Text „gerinnt". Der Verfasser hatte die ostdeutschen Bundesländer frühzeitig und immer wieder ermutigt, angesichts ihrer „Verfassungsautonomie" Neues zu wagen, eigene Wege zu gehen und das GG bis an seine Grenzen zu „testen"[26]. Speziell beim Sonn- und Feiertagsrecht ist in der Frühphase in Ostdeutschland manches „Neue" entstanden, später pendelten sich dann viele neue Bundesländer auf den gemeindeutschen Standard in Sachen Sonn- und Feiertage ein. Brandenburg, Sachsen und Berlin sind u. a. deshalb zu rühmen, weil sie nicht einfach auf Art. 140 GG i.V. mit der WRV (besonders Art. 139) verweisen.

2. Verfassungen in Europa, insbesondere in Österreich, sowie weltweit

War schon in der ersten Auflage dieser Monographie jenseits von Deutschland und einigen älteren Schweizer Kantonsverfassungen die Ausbeute an verfassungstextlichen Sonntagsgarantien recht gering[27], so hat sich seitdem an diesem Befund nicht viel geändert. Immerhin wird man in zwei neueren Verfassungen *österreichischer* Bundesländer fündig. So lautet der nachgeschobene Art. 7 b Verf. *Kärnten* (1996): „Das Land Kärnten bekennt sich zum Sonntag und zu den staatlich anerkannten Feiertagen als Tage der Arbeitsruhe. Es achtet die mit diesen Tagen verbundenen Traditionen."

Der letzte Satz ist mindestens in „Wahlverwandtschaft" zu den deutschen Regelungen getextet, wenn nicht sogar aus Ostdeutschland wörtlich übernommen. Verf. *Niederösterreich* (1979) nennt in Art. 4, im Kontext der Staatsziele, den Schutz des Sonntags (Ziff. 2) – konsequent bei den dichten „Landessymbolen" (Art. 7), bei denen auch der „Landesfeiertag" am 15. November figuriert (Art. 7 Abs. 6), (ebd. ist auch der „Landespatron" bestimmt)[28].

Das Land *Vorarlberg* normiert in Art. 7 Abs. 5 seiner Verfassung von 1999: „Das Land anerkennt die Bedeutung des Sonntags und der gesetzlichen Feiertage als Tage der Arbeitsruhe" (ähnl. Art. 9 Verf. Salzburg, 1999).

Damit ist der „Streifzug durch Europa" in Sachen verfassungsrechtliche Sonntagsgarantie schon erschöpft. Wie der spätere Inkurs III zu

---

[26] Vgl. etwa *P. Häberle*, Die Verfassungsbewegung in den fünf neuen Bundesländern, JöR 41 (1993), S. 69 (71, 91).

[27] Vgl. *P. Häberle*, Der Sonntag als Verfassungsprinzip, 1988, S. 19 f.

[28] Zit. nach *P. Häberle*, Textstufen in Österreichischen Landesverfassungen, JöR 54 (2006), S. 367 ff. bzw. 384 ff.

den verfassungsrechtlichen *Feiertagsgarantien* zeigen wird, sind Feiertage für den heutigen Verfassunggeber textlich wichtiger als Sonntage. Diese beginnen auf eine Weise zu „verblassen", müssen jedenfalls gerichtlich intensiv geschützt werden.

Das zeigt auch ein *weltweiter* Vergleich. Einen dem Sonntag christlicher Traditionen entsprechenden Tag hat der Verfasser (nur) in der neuen Verfassung von *Afghanistan* entdecken können (2004). Ihr Art. 18 Abs. 3 lautet: „Friday is a public holiday". In Abs. 1 wird der Kalender des Landes, in Abs. 2 die zeitliche Arbeitsbasis für die staatlichen Behörden („solar calender") geregelt.

II. Entwicklungen des deutschen Sonn- und Feiertagsrechts auf einfachgesetzlicher Ebene – höchstrichterliche Judikatur

Standen bisher die Entwicklungen auf Verfassungs*text*ebene im Vordergrund und kamen primär die Gefährdungen der Sonn- und Feiertagsruhe[29] im gesellschaftlichen Bereich ins Blickfeld (Stichwort: „werktäglicher Charakter", z. B. durch Autowaschanlagen, Sonnenbräunungsinstitute, vgl. BVerwGE 90, 337, Wandel im Freizeitverhalten und Wandel der Industriegesellschaft), so sei im Folgenden ein kurzer Blick auf Aktionen der deutschen *Gesetzgeber* geworfen, denen das Verfassungsprinzip Sonntag und die (an ihn angelehnten) Feiertage ausgesetzt waren[30] bzw. sind. Hier war und ist letztlich die *Judikatur* gefordert. Sie musste Grenzen ziehen gegenüber vielfältigen Bedrohungen. Sie musste aber auch Gestaltungsspielräume belassen. Im Vergleich mit dem Kenntnisstand des Jahres 1988, d. h. dem Erscheinen der 1. Aufl. dieser Monographie, hat die Judikatur inzwischen viel Positives zum Schutz von Sonn- und Feiertagen beigetragen, sekundiert von der älteren und neueren wissenschaftlichen Literatur.

Dazu nur einige Stichworte: Viele Verdienste haben sich die Verfassungsgerichte der Bundesländer erworben: so u. a. der VerfGH Berlin (1995) mit dem Votum, die Berliner Verfassung gebiete es nicht, generell kirchliche Feiertage als allgemeine Feiertage anzuerkennen, es sei kein fester Bestand an gesetzlichen Feiertagen gewährleistet (NJW 1995, S. 3379 ff.). Das BVerwG bestätigte ebenfalls im Jahre 1995 seine Ent-

---

[29] Zur Geschichte: *A. Dörfler-Dierken,* Der arbeitsfreie Sonntag setzte sich in Deutschland erst gegen Ende des 19. Jahrhunderts durch, FAZ vom 23. Juli 2001, S. 8.- Im Jahr 2002 veranstaltete das „Haus der Geschichte" in Bonn eine Ausstellung über die „Geschichte des Sonntags" (FAZ vom 26. Oktober 2002, S. 31).

[30] Zu den gesellschaftlichen Bedrohungen des Sonntags: *A. von Campenhausen,* Art. 139 WRV, a. a. O., Rd.Nr. 6.

II. Entwicklungen des Feiertagsrechts auf einfachgesetzlicher Ebene 105

scheidung (E 79, 236), wonach das Berliner Verbot, Videotheken an Sonntagen und staatlich anerkannten Feiertagen geöffnet zu halten, grundsätzlich mit dem GG vereinbart sei (GewArch 1995, S. 273[31]). Das BVerfG (1. Kammer des Ersten Senates (NJW 1995, S. 3378 ff.) – Buß- und Bettag) konkretisierte die bisherigen Linien in den Worten: „Art. 139 WRV i.V.m. Art. 140 GG enthält keine Bestandsgarantie für einen konkreten, staatlich anerkannten Feiertag oder eine bestimmte Anzahl derselben. Der Gesetzgeber ist allerdings verpflichtet, eine angemessene Zahl kirchlicher Feiertage staatlich anzuerkennen...". Und: „Die Streichung des Buß- und Bettages als staatlich anerkannten Feiertag stellt keine nach Art. 3 Abs. 2 GG unzulässige Benachteiligung einzelner Bürger wegen ihres Glaubens dar".

Damit war eine Antwort gegeben, auf die gegen viele Widerstände in den meisten Ländern zur Finanzierung der Pflegeversicherung durchgesetzte Streichung des Buß- und Bettages[32]. Auch der BayVerfGH trug das Seine zum Thema bei. Art. 147 BV schütze die staatlich anerkannten kirchlichen Feiertage „als Institut"; er enthalte keine Bestandsgarantie für einen konkreten Feiertag oder eine bestimmte Anzahl von Feiertagen (BayVBl. 1996, S. 238 ff.).

Durch diese Entscheidungen werden die Konturen eines „gemeindeutschen Sonn- und Feiertagsrechts" erkennbar, bei allen möglich bleibenden Unterschieden in den einzelnen Ländern[33]. Die Gesetzgeber erhalten Gestaltungspielraum, die klassische Idee des „institutionellen Schutzes" der Feiertage aber verhindert ihre beliebige Abschaffung. Es bleibt beim „Verfassungsprinzip".

Mehr als eine „Zwischensumme" zieht freilich das sonst in mancher Hinsicht „gespaltene" (4 zu 4) Grundsatzurteil des BVerfG vom 9. Juni 2004 (E 111, 10)[34]. Abgesehen davon, dass es die gute Praxis bestätigt, betroffene Beteiligte in der mündlichen und öffentlichen Verhandlung anzuhören – das Verfassungsprozessrecht ist hier Partizipations-und Pluralismusrecht[35] eigener Art (so werden die Deutsche Bischofskon-

---

[31] Zum Sonntagsbeschäftigungsverbot: BVerwGE 90, 238.

[32] Dazu aus der Lit.: *K.-H. Kästner*, Zur Verfassungsmäßigkeit feiertagsrechtlicher Konsequenzen der Einführung der Pflegeversicherung, ZevKR 41 (1996), S. 272 ff.

[33] Viel Judikatur bis 2001 findet sich aufgelistet bei *A. v. Campenhausen*, a. a. O., Rd.Nr. 10, 34. Speziell zum „Karfreitag": VG Gera, ThüringerVBl 1999, S. 193 ff.

[34] Zuvor schon BVerfG 87, 363 – Sonntagsbackverbot.

[35] Dazu *P. Häberle*, Grundprobleme der Verfassungsgerichtsbarkeit, in: ders. (Hrsg.), Verfassungsgerichtsbarkeit, 1976, S. 1 (26 ff.).

ferenz ebenso einbezogen wie die EKD (E 111, 10 (22 f.), auch der Zentralrat der Muslime sowie u. a. der deutsche Einzelhandel und eine Gewerkschaft, a. a. O. S. 23 ff.) – kann das Urteil des BVerfG von 2004 viel Aufmerksamkeit beanspruchen. Es verarbeitet souverän den bisherigen Diskussions- und Problemstand mit und ohne Literatur- bzw. Judikaturhinweise und fördert letztlich den konstitutionellen Sonn- und Feiertagsschutz: so in den Worten, grundsätzlich habe die „werktägliche Geschäftigkeit" zu ruhen, Ausnahmen von der Sonn- und Feiertagsruhe seien „allerdings zur Wahrung höher- oder gleichwertiger Rechtsgüter möglich". Das BVerfG sieht die „Institution des Sonn- und Feiertags unmittelbar durch die Verfassung garantiert", was aber einer gesetzlichen Ausgestaltung bedürfe. Ein „Kernbestand an Sonn- und Feiertagsruhe" bleibe „unantastbar". Damit begegnen die bekannten Formeln zum „Institutionellen" bzw. „Wesensgehaltschutz", die seit langem in anderen verfassungsrechtlichen Problembereichen, vor allem der Grundrechte, bemüht werden. Prägnant wird überdies gesagt, die Regelungen zielten „in der säkularisierten Gesellschafts- und Staatsordnung aber auch auf die Verfolgung profaner Ziele wie die der persönlichen Ruhe, Besinnung, Erholung und Zerstreuung", (a. a. O., S. 51). Bekräftigt wird der Topos des „werktäglichen Charakters" und bei etwaigen „Arbeiten für den Sonntag" das in Art. 139 WRV normierte „Regel / Ausnahmeverhältnis". Auch dies ist speziell aus grundrechtstheoretischen Arbeiten bekannt[36]. Die Sonntagsarbeit muss „Ausnahme" bleiben[37] (a. a. O. S. 53).

---

[36] Dazu *P. Häberle*, Die Wesensgehaltgarantie des Art. 19 Abs. 2 GG, 1. Aufl. 1962, S. 116 ff., 122 ff., 3. Aufl. 1983, S. 326 ff.

[37] Aus der Lit.: *E. Busch / S. Werner*, Der Buß- und Bettag: Umstrittener Spielball zur Erreichung sozialpolitischer Ziele, DÖV 1998, S. 680 ff.; *K.-H. Kästner*, Der „zweite" Feiertag als politische Manövriermasse?, NVwZ 1993, S. 148 ff.; *A.Reich*, Feiertage zur Disposition, ZRP 1993, S. 281 ff.; *S. Kirste*, Flexibilisierung des Ladenschlusses zum Segen des Sonn- und Feiertagsschutzes, NJW 2001, S. 790 ff.; *M. Möstl*, Öffnung von Videotheken und Autowaschanlagen an Sonntagen?, GewArch. 2006, S. 9 ff.; *F. Stollmann*, Staatlich anerkannte Feiertage – einfachgesetzlicher Spielball oder änderungsfestes Rechtsinstitut?, DÖV 2004, S. 471 ff.; *H. Kuhr*, Die Sonntagsruhe im Arbeitszeitgesetz ..., DB 1994, S. 2186 ff.; *E. Röper*, Feiertagsgesetzgebung im Bundesstaat, SächsVBl. 1993, S. 265 ff. – Zu BVerfGE 111, 10: *K. Fuchs*, NVwZ 2005, S. 1026 ff.; *G. Webers*, GewArch 2005, S. 60 ff.; *P. Ruess*, WRP 2004, S. 1124 ff.

III. Inkurs: Neuere verfassungsstaatliche Feiertagsgarantien[38]

1. Die Verfassungen der neuen Bundesländer in Deutschland

Sie wurden bereits im Kontext der Sonntagsgarantien behandelt (oben unter I. 1.).

2. Verfassungen in Europa, insbesondere in österreichischen Bundesländern und osteuropäischen Reformstaaten

Feiertage sind vor allem „Symbol-Artikel" wie die Normen in Sachen Sprache, Hymne, Wappen, Hauptstadt. Unter dem Begriff „Symbol-Artikel" seien Verfassungstexte gebündelt, die besonders klar die durch Symbole begründete Tiefenschicht von verfassungsstaatlichen Verfassungen zum Ausdruck bringen. Sie schaffen ein Stück kultureller Identität für das jeweilige Land und sind auf der „höheren" Ebene einer bundesstaatlichen oder sogar einheitsstaatlichen Verfassung ebenfalls mit dieser Funktion und in diesem Kontext anzutreffen (vgl. Art. 8, 8a Österreichische B-VG, Art. 5, 6, 11 Verf. Portugal). Dass sich fast alle österreichischen Länder der Aussagekraft von Symbolartikeln bedienen, spricht für sich und sie. Sie werten damit sich selbst via geschriebenen Verfassungsrechts auf und vergewissern sich ihres Eigenwertes und Eigengewichts sowie ihrer Eigenständigkeit als Gliedstaat im Bundesstaat Österreich.

Im Folgenden einige Beispiele: Die Verfassung der *Steiermark* beginnt mit § 4 (Landeshauptstadt), fährt mit einer Aussage zur deutschen Sprache („unbeschadet der den sprachlichen Minderheiten bundesgesetzlich eingeräumten Rechte") fort (§ 5), um dann in § 6 Farben und Wappen des Landes festzulegen. Formal und inhaltlich ähnlich geht Verf. *Burgenland* (1981) vor. Art. 4 bis 7 beschäftigen sich mit Landesgebiet, Landesbürger, Landessprache und Landeshauptstadt. In Art. 8 werden ausdrücklich mit diesem Begriff die „Landessymbole" festgelegt (Farben, Wappen, Hymne). Die Verf. *Kärnten* (1996) überschreibt ihren ersten Abschnitt „Hoheitsgebiet und Symbole" und befasst sich mit diesen Themen insgesamt in 9 Artikeln, wobei sich in Art. 7 a ein eindrucksvoller überreicher Staatsaufgabenartikel findet – das ist systematisch durchaus vertretbar: Staatsaufgaben wie der Umweltschutz und der

---

[38] Besprechungen der 1. Aufl. des Buches des Verf. von 1987 („Feiertagsgarantien als kulturelle Identitätselemente des Verfassungsstaates"): *A. Pahlke*, NJW 1988, S. 229; *G.-C. von Unruh*, DÖV 1988, S. 936; *D. Pirson*, ZevKR 1992, S. 108; *T. Maunz*, BayVBl. 1989, S. 94.

Schutz der Kulturgüter haben auch eine symbolische Komponente. Wenn der „nachgeschobene" Art. 7 b sogar eine *Sonntags- und Feiertagsgarantie* bekenntnishaft umschreibt, so passt auch dies in das kulturelle Bild bzw. den Kontext von Symbol-Artikeln. Nicht minder eindrucksvoll sind die „Allgemeinen Bestimmungen" der Verf. *Vorarlberg* (1999): Sie führen noch vor den üblichen Landessymbolen (Hauptstadt, Sprachen etc.) ein Bekenntnis zu den Grundsätzen der freiheitlichen, demokratischen, rechtsstaatlichen und sozialen Ordnung auf und anerkennen die „Bedeutung der gesetzlich anerkannten Kirchen und Religionsgemeinschaften für die Bewahrung und Festigung der religiösen und sittlichen Grundlagen des menschlichen Lebens" (Art. 1 Abs. 1). Manche Klauseln finden sich auch sonst (im älteren Art. 4 Abs. 2 Verf. Baden-Württemberg von 1953). Die Verf. *Niederösterreich* (1979) schließlich widmet sich in den „Allgemeinen Bestimmungen" neben vielen Staatsaufgaben von der Wirtschaft bis zur Kultur und, besonders innovativ, dem „Zugang des Bürgers zum Recht" (Art. 4 Ziff. 7), im Kontext von Landeshauptstadt und Landessprache, in Art. 7 Landessymbolen und „Landesfeiertag" (ebd. Abs. 6): dem 15. November.

3. Die Verfassungen – weltweit

a) Ein Blick auf das einschlägige Verfassungsmaterial in Übersee beginne in den „*francophonen und lusophonen Staaten des subsaharischen Afrika*"[39]. Hier kommt es zu einer erstaunlichen Entdeckung. Soweit ersichtlich, haben nur drei der ca. 20 Staaten schon auf Verfassungstexthöhe ihre Feiertage platziert: So lautet Art. 2 letzter Absatz Verf. Gabun 1991/94 kurz und bündig: „Der Nationalfeiertag wird am 17. August begangen". Und so heißt es in Art. 3 Abs. 2 Verf. Republik Togo (1992): „Der Nationalfeiertag der Republik Togo wird jährlich am 27. April begangen". Dieses Ergebnis der Textvergleichung erstaunt, denn dieselben jungen Verfassungsstaaten, die das Feiertagsthema konstitutionell sozusagen „auslassen", sind dann und dort besonders ergiebig, wenn man nach (anderen) kulturellen Identitätselementen dieser Nationen sucht. Als nahezu fester Bestandteil aller Verfassungen kann das Ensemble von sog. *Symbol-Artikeln* mit ihren Themen wie Nationalsprache, Nationalflagge, Hymne, Hauptstadt, Wappen etc. gelten. Das ist verständlich, denn junge Entwicklungsländer brauchen einen festen Bestand von kulturellen Identitätsgarantien, um sich ihrer selbst zu versichern. Meist finden sich die sog. Symbol-Artikel schon zu Beginn der Verfassungen, und jede „Verfassungslehre als Kulturwissenschaft" kann davon lernen.

---

[39] s. die verdienstvolle Sammlung, hrsgg. von H. Baumann und M. Ebert, 1997.

III. Inkurs: Neuere verfassungsstaatliche Feiertagsgarantien

Hier einige Beispiele: Der dichte Art. 4 der Verf. der Republik Äquatorial-Guinea (1991) thematisiert Amtssprache, Nationalflagge, Wappen, Wahlspruch und Nationalhymne als das „vom Volk am Tage der Verkündigung der Unabhängigkeit, dem 12. Oktober 1968 gesungene Lied", eine wohl versteckte Benennung des Nationalfeiertags! Auch die Verf. der Republik Benin (1990) normiert diese Themen und fügt noch die Definition der Hauptstadt hinzu. Die Verf. von Burkina Faso (1991 / 97) schafft einen konzentrierten Kultur- bzw. Identitätsartikel 34, der mit den Worten eröffnet ist: „Die Symbole der Nation sind die Flagge, das Staatswappen, eine Hymne und der Wahlspruch". Fast alle übrigen Verfassungen folgen mit leichten Variationen diesem Schema, das fast ein Stück *„Gemeinafrikanisches Verfassungsrecht"* darstellt (vgl. nur Art. 5 bis 8 Verf. Burundi von 1992; Art. 1 Verf. Elfenbeinküste von 1960 / 95). Die Verfassung der Republik Guinea Bissau (1984 / 93) normiert in Art. 17 die „Wahrung der kulturellen Identität" als Verfassungsziel und konkretisiert die hierzu gehörenden nationalen Symbole in Art. 22 Art. 4. Verf. Madagaskar (1992 / 95) beginnt mit dem „Wahlspruch Vaterland-Freiheit-Gerechtigkeit", um dann die übrigen Identitätselemente Flagge, Hymne, Wappen, Nationalsprache folgen zu lassen. Die mehrfach vorkommende Konstitutionalisierung eines sog. *„Wahlspruchs"* verdient Beachtung. Er ist mit Präambelinhalten von auch älteren Verfassungsstaaten (vor allem in Europa) „wahlverwandt" und verweist auf „Grundwerte". Art. 17 Abs. 8 Verf. Zentralafr. Rep. (1995) erklärt den 1. Dez. zum Nationalfeiertag (eher technisch ist der Verweis in Art. 55 Abs. 4 Verf. Guinea, 1990).

Der Überblick sei hier abgebrochen. Es war zwar allgemein für ein kulturelles Verfassungsverständnis ergiebig, weniger speziell für die „Feiertagswissenschaft". Für das relativ seltene Erscheinen dieses Themas in Afrika mag es besondere, dem Verf. nicht bekannte ihrerseits kulturelle Hintergründe geben (vermutlich findet sich das Thema nur auf einfachgesetzlicher Ebene). In der Verfassungswirklichkeit wird aber gewiss nationalstaatlich ausgiebig gefeiert, gerade im dynamischen (musikliebenden und tänzerischen) Afrika.[40]

b) Bleiben wir noch kurz in Übersee, so erweist sich auf anderen Kontinenten die Suche als wenig ergiebig.

Unter den Verfassungen der *Mitgliedsländern der Liga der Arabischen Staaten*[41] hat nur die „Konstitutive Akte" („Grundgesetz der Herr-

---

[40] Der Verfassungsentwurf des Sudan (1998) nennt in seinem Symbol-Artikel 5 auch „feast days", die durch Gesetz bestimmt werden.
[41] Zit. nach dem gleichnamigen Band von H. Baumann und M. Ebert (Hrsg.), 1995.

schaft") von Saudi Arabien (1992) einen Feiertagsartikel. Art. 2 lautet: „Staatsfeiertage sind der ‚Id al-Fitr' und der ‚Id al-Adha'. Es gilt die islamische Zeitrechnung." Dieses magere Ergebnis überrascht, denn die meisten arabischen Verfassungen zeichnen sich ebenfalls wie die afrikanischen durch ein konzentriertes Ensemble von Symbol-Artikeln aus (vgl. etwa Art. 3 Verf. Bahrein von 1973 oder Art. 4 bis 6 Verf. Syrien von 1973).

Wenig ergiebig ist ein Vergleich der *Verfassungen der lateinamerikanischen Welt*[42]. Zwar findet sich auch hier die verfassungsstaatliche Texttradition von Symbol-Artikeln (z. B. Art. 1 Verf. Ecuador von 1998; Art. 6 bis 8 Verf. Honduras von 1995; Art. 6 Verf. Panama von 1972/94; Art. 5 Verf. Venezuela von 1961/83; Art. 139 Verf. Paraguay von 1992), oft erweitert um Bekenntnisse zur Gemeinschaft der lateinamerikanischen Staaten (z. B. Art. 227 Verf. Kolumbien von 1991) und oft vertieft durch Grundwerte-Artikel (z. B. Art. 1 bis 4 Verf. Bolivien von 1995), doch findet sich nur in der Verf. Dominikanische Republik (1962/66) eine ausdrückliche konstitutionelle Feiertagsgarantie (Art. 98).

c) Die Verfassungen von 20 *osteuropäischen Reformstaaten* seit dem „annus mirabilis" 1989 verdienen in jeder Hinsicht die Aufmerksamkeit der vergleichenden Verfassungslehre. Denn an und in ihnen lassen sich glückliche Produktions- und Rezeptionsvorgänge in Sachen Verfassungsstaat ablesen. Es finden sich nicht wenige Beispiele für „Textstufenentwicklungen" in Sachen Minderheitsschutz, Grundrechtsgarantien, Völkerrecht, Generationenschutz, Ökologie, Ombudsmann, Datenschutz, territoriale Integrität, bürgerliche Pflichten, und man ist neugierig, ob und wie sich speziell das Feiertagsthema in den Texten niederschlägt. Zwar mag es sein, dass den Verfassunggebern wegen der totalitären Vergangenheit mit ihren *von oben verordneten* Feiertagen das Thema Feiertage nicht so „wesentlich" erschien, dass sie es in ihre Verfassungsurkunden aufnahmen, doch vermutet man prima facie, dass dieselben Verfassunggeber alle nur möglichen Themen bedachten, auf deren „kulturellen Humus" sie ihre Nationen (wieder)gründen und konstitutionell festigen könnten, um sich ihrer Identität zu versichern. Um so verblüffender ist das vom Verfasser gefunde Ergebnis. Nur die jüngste Verf., nämlich die Albaniens von 1998[43], enthält im zentralen Artikel 14 neben der Amtssprache, der Nationalflagge, dem Wappen, der National-

---

[42] Texte zit. Nach L.L. Guerra und L. Aguiar (coord.), Las Constitutiones de Iberoamerica, 1998.

[43] Texte zit. nach H. Roggemann (Hrsg.), Die Verfassungen Mittel- und Osteuropas, 1999. – Die Verfassung von Albanien ist (in Englisch) auch abgedruckt in: JöR 49 (2001), S. 450 ff.

III. Inkurs: Neuere verfassungsstaatliche Feiertagsgarantien   111

hymne und der Hauptstadt auch eine Aussage zu den ebenda als „Nationalsymbole" qualifizierten Themen. Abs. 5 ebd. lautet: „Der Nationalfeiertag der Republik Albanien ist der Tag der Flagge, der 28. November". Alle anderen Verfassungen nehmen sich zwar intensiv und extensiv der staatlichen Symbole Wappen, Flagge, Hymne, Sprache und Hauptstadt an (z. B. Art. 11 bis 13 Verf. Kroatien von 1990 oder Art. 14 bis 17 Verf. Litauen von 1992, Art. 5 Verf. Makedonien von 1991 verlangt sogar eine Zweidrittelmehrheit für entsprechende Gesetze zu Wappen, Fahne, Hymne. Doch fehlt ein Feiertagsartikel (s. aber Art. 12 Abs. 2 Verf. Rumänien, 1991), wobei gerade diese Verfassung einen eindrucksvollen Artikel zu den „Grundwerten der verfassungsmäßigen Ordnung" geschaffen hat (z. B. Herrschaft des Rechts, Teilung der Gewalten, politischer Pluralismus, Freiheit des Marktes etc.). Auch andere Verfassungen platzieren die Staatssymbole hochrangig und vorrangig (z. B. Art. 12 Verf. Republik Moldau von 1994, s. auch Art. 28 bis 29 Verf. Polen von 1997 oder Art. 6 Verf. Slowenien von 1991, auch §§ 74 bis 76 Verf. Ungarn von 1949/97 („Die Hauptstadt und die nationalen Symbole der Republik Ungarn")), doch fehlt das Feiertagsthema. Angesichts der zahlreichen Grundwerte- und Identitäts-Artikel sowie nationalen kulturelles Erbe-Klauseln, angesichts der Erkenntnis, dass man gerade in Osteuropa sonst bei der Suche nach kulturellen Identitätselementen sehr fündig wird, erstaunt dieses Ergebnis. Es ist jedoch keine Widerlegung der Grundthese des Buches, wonach Feiertagsgarantien „kulturelle Identitätselemente" des Verfassungsstaates als *Idealtypus* sind. Feiertage werden im Osteuropa von heute gewiss praktisch gelebt, kraft einfachgesetzlicher Regelung, und eben wohl doch von den Bürgern konstitutionell empfunden. Man stößt hier an Grenzen der Textstufenanalyse, erkennt aber auch den Reichtum nationaler Varianten in Sachen Verfassungsstaat als Typus.

*4. Nationale Feiertage und Verfassungstage
in der Wirklichkeit*

Im Folgenden soll ein Ausschnitt dessen in den Blick kommen, was in den einzelnen Völkern an „hohen" Tagen *tatsächlich* geschieht. Freilich kann es sich nur um einige prägnante Beispiele für „Gutes und Schlechtes" handeln. So war der 26. Jahrestag der Billigung der demokratischen Verfassung in *Spanien* für die „Eta" der Anlass, sieben Sprengsätze am spanischen Verfassungstag zu zünden[44]. So kam es am spanischen Na-

---
[44] FAZ vom 7. Dezember 2004, S. 2; in Argentinien wurde der 24. März 2006 als arbeitsfreier Gedenktag gefeiert (FAZ vom 24. März 2006, S. 12).

tionalfeiertag, dem 12. Oktober im Jahre 2004, zu Disharmonien und einer „Kontroverse" um eine historische „Versöhnungsgeste"[45]. So beobachten Wissenschaftler die *osteuropäischen Feiertage* zum 1. Mai mit den Schlagworten „Feiern zwischen kommunistischer Nostalgie und Grillparty"[46], und so titelt die SZ vom 3. Februar 2005, S. 17: „Die Kreml Clique verordnet *Rußland* neue Feiertage und berauscht sich an der eigenen Macht". Im *Italien Berlusconis* gibt es Streit um den 25. April als Jahrestag der Befreiung[47], manche fordern seine Abschaffung. In der *Schweiz* warben am 1. August (2001) prominente Redner für eine „tolerante Schweiz" sowie für den Beitritt zur UNO (NZZ vom 2. August 2001, S. 13).

Schon diese wenigen Beispiele zeigen, welche Ambivalenzen es um Feiertage geben kann, welche Dynamik sie auslösen und welchen nationalen Dissens und Konsens sie offenkundig machen können. Die *Wirklichkeit* von Feiertagen, schon 1988 vom Verf. zum Problem gemacht[48], sagt viel über ein politisches Gemeinwesen, seine Verfasstheit und seine Bürger aus. Feiertagspolitik ist besonders sensibel, heikel, ja gefährlich, aber auch „verräterisch"[49].

Für *Deutschland* seien zwei Feiertage und ihre „Wirklichkeit" besonders herausgegriffen: im Rückblick der *17. Juni* und für heute der *3. Oktober* und der Streit um seine Beibehaltung oder „Verlegung" bzw. „Abschaffung".[50]

a) Der 17. Juni in Deutschland

Die (Verfassungs-)Wirklichkeit des 17. Juni einzufangen, wäre ein eigenes Thema. Als Tag der Deutschen Einheit im Blick auf 1953 geschaffen, sollte er das Wiedervereinigungsgebot wachhalten – wie der entsprechende Passus in der Präambel des GG. Nachdem 1990 der 3. Oktober der deutsche Nationalfeiertag geworden ist, dieser aber immer wieder diskutiert wird, fällt auf, dass gerade in jüngster Zeit eine intensive

---

[45] NZZ vom 13. Oktober 2004, S. 7.
[46] FAZ vom 17. Mai 2003, S. 37.
[47] Vgl. SZ vom 25. April 2005, S. 17.
[48] *P. Häberle*, Feiertagsgarantien, a. a. O., S. 39 ff. – Bemerkenswert: R. Poscher (Hrsg.), Der Verfassungstag, Reden deutscher Gelehrter zur Feier der Weimarer Verfassung, 1999.
[49] Aus der Lit.: S. Behrenbach/A. Nützel (Hrsg.), Inszenierungen des Nationalstaates. Politische Feiertage in Italien und Deutschland seit 1860/71, 2000.
[50] Zuletzt scheiterte in Frankreich die Regierung mit dem Vorschlag, den Pfingstmontag abzuschaffen (SZ vom 23./24. August 2005, S. 26).

III. Inkurs: Neuere verfassungsstaatliche Feiertagsgarantien   113

Debatte um den 17. Juni begonnen hat. Erwähnt seien Stichworte und Titel wie: „Ein Picknick für die Freiheit, Der 17. Juni als bundesdeutscher Nationalfeiertag"[51]. Sodann: „Die verdrängte Revolution. Der Platz des 17. Juni 1953 in der deutschen Geschichte" (Autor: *B. Eisenfeldt u. a.*, 2004); ferner: „Ouvertüre einer europäischen Revolution". Neue Bücher zum 17. Juni zeigen: Die Bewegung war viel breiter als oft angenommen" (*K. Harprecht*, in: Die Zeit vom 12. Juni 2003, S. 41). Schließlich: „Der Tag der Brüder und Schwestern. Nach dem Mauerbau verkam der gesetzliche Feiertag im westdeutschen Bewusstsein zu einem Ausflugstag. Das richtige Verständnis vom Freiheitswillen der Ostdeutschen im Jahre 1953 setzte sich erst nach den Ereignissen von 1989 durch" (*W. Schuller*, in: FAZ vom 17. Juni 2003). Ein später „Nachhall" blieb selbst 2003 nicht aus: Zum 50. Jahrestag der Niederschlagung des Aufstands gegen das SED-Regime kam es in Berlin zu Ausstellungen, Schweigeminuten und Gottesdiensten. Die Kirchen sprechen vom „Symbol der Zivilcourage", der Regierende Bürgermeister von Berlin sagte, erst die friedliche Revolution 1989 habe das Vermächtnis der „unvollendeten Revolution von 1953" eingelöst. Der bayerische Ministerpräsident (*E. Stoiber*) äußerte, der 17. Juni werde „weiterhin ein nationaler Gedenktag" bleiben. Auf der offiziellen Gedenkveranstaltung am 17. Juni in Görlitz regte der sächsische Ministerpräsident *G. Milbradt* an, den 17. Juni wieder zu einem „Gedenktag" zu machen (FAZ vom 18. Juni 2003, S. 2).

Feiertagstheoretisch lässt sich aus diesen Materialien einiges lernen: Abgeschaffte Feiertage können später mitunter zu „Gedenktagen" mutieren, sozusagen „nachleben" und „nachwirken"; sie müssen von den Bürgern innerlich akzeptiert werden, sonst laufen sie „leer"; die mit ihnen verbundenen Grundwerte müssen gelebt werden. Oft erkennt die Wissenschaft erst im Rückblick die volle Bedeutung eines konkreten Feiertages: sie „lernt" aus der nachfolgenden Geschichte.

b) Der 3. Oktober als neuer Nationalfeiertag
des wiedervereinigten Deutschlands

Unter *drei* Aspekten sei der neue Feiertag betrachtet: im Blick auf die gelebte Feiertags*wirklichkeit* (1), im Blick auf eine politische *Existenzberechtigung* (2) und im Blick auf seine von der rot/grünen Bundesregierung 2004 plötzlich geplante *Abschaffung* aus ökonomischen Gründen (3).

---

[51] *M. Hettling*, in: FAZ vom 16. Juni 2001, S. III.

(1) Wie schon beim 17. Juni in Deutschland und beim 1. August in der Schweiz kann hier nur mit Stichworten gearbeitet werden, eine empirische Bestandsaufnahme der Feiertags*wirklichkeit* ist nicht möglich. Der 3. Oktober ist vor allem ein Tag „großer Reden", z. B. des ungarischen Literatur-Nobelpreisträgers in Magdeburg, *I. Kertész*[52], der an die Überwindung der deutschen Teilung erinnerte, die europäische Einigung beschwor und ein persönliches Bekenntnis zur deutschen Demokratie ablegte; sodann des deutschen Bundespräsidenten *J. Rau* in Dresden: „Dankbar zurückblicken, zuversichtlich nach vorne schauen"[53] und des französischen Staatspräsidenten *J. Chirac*[54]: „Mit ihrem Land feiert ganz Europa dieses Ereignis" – auf eine Weise könnte man von der europäischen Bedeutung des 3. Oktober sprechen: Früh hat sich das Verfahren eingebürgert, dass das Bundesland den Feiertag ausrichtet, das jeweils dem Bundesrat vorsitzt[55]. So kam es 1994 zu einem „Deutschland-Fest" in Berlin, mit Umzügen u.ä. Die hier sichtbare föderale Komponente ist denkbar glücklich.

Im Ganzen darf fürs erste die These gewagt werden: das Glück der *deutschen* Einigung als „andere Seite" der *europäischen* sowie im Inneren der *föderale* Aspekt deuten auf Grundwerte, die auch der Feiertagswirklichkeit verfassungskongeniales Profil geben.

(2) Konnte man bisher den Eindruck haben, dass sich der 3. Oktober emotional und rational allmählich in den Herzen und Köpfen der Bürger „verankert" sehen kann, so wirkte es überraschend, dass im Oktober 2000 eine neue Diskussion begann, ob der 3. Oktober der „richtige" Tag für den Feiertag sei. Nachdem es schon zuvor zu kleineren Kontroversen gekommen war, gewann der Streit eine neue Qualität: Der Berliner Theologe *R. Schröder* schreibt in der FAZ vom 2. Oktober 2000, S. 56: „Der Wunsch der Vereinigung kam aus dem Osten: Eine Apologie (sc. für den 3. Oktober). *W. Hennis* hatte am 28. September eine Verlegung des Nationalfeiertags vom 3. Oktober auf den 9. November angeregt[56], welchem Vorschlag sich der damalige Bundesaußenminister *J. Fischer* prompt anschloss. *R. Schröder* replizierte unter dem Stichwort „Zeitverschobene Vernunft, Schritt für Schritt zum 3. Oktober"[57], und *W. Hennis* schob einen weiteren Beitrag nach unter dem Stichwort „Nutzen und

---

[52] FAZ vom 9. Oktober 2003, S. 33.
[53] FAZ vom 4. Oktober 2000, S. 11.
[54] FAZ vom 4. Oktober 2000, S. 11.
[55] Vgl. FAZ vom 27. September 1994, S. 5.
[56] FAZ vom 28. September 2000.
[57] FAZ vom 5. Oktober 2000, S. 51.

III. Inkurs: Neuere verfassungsstaatliche Feiertagsgarantien 115

Nachteil. Für einen mythosfähigen Feiertag"[58]. Auch in Leserbriefen wurde das Thema kontrovers behandelt[59]. Man mag sich über Einzelheiten der Durchsetzung des 3. Oktober streiten: für Deutschland ist zu hoffen, dass der „geltende" Feiertag letztlich zum Grundkonsens „gerinnen" kann – wie der 14. Juli oder 4. Juni in Frankreich bzw. in den USA. Hier mögen die normative Kraft des Faktischen (G. Jellinek) und die normative Kraft der Verfassung (K. Hesse) zusammenwirken. Jedenfalls wird wieder einmal die Tiefendimension des Ob und Wie von verfassungsstaatlichen Feiertagen erkennbar. Gelingende Feiertage gehören zur „Seele" eines Volkes.

(3) Die von der rot/grünen Bundesregierung geplante Abschaffung des 3. Oktober als gesetzlichen Feiertags aus ökonomisch/fiskalischen Gründen (November 2004) ist ein „Lehrstück" im guten Sinne des Wortes. Dass der 3. Oktober doch schon in der nationalen Öffentlichkeit Deutschlands Fuß gefasst hat, darf man aus den Geschehnissen im November 2004 schließen. Ohne „Vorwarnung" war plötzlich in der Presse zu lesen: „Der 3. Oktober ist bald kein fester Feiertag mehr. Gedenken soll aus Spargründen entfallen"[60]. Das Ganze war ein Element in einem größeren Sparpaket des Finanzministers H. Eichel, von Bundeskanzler G. Schröder gebilligt. Der leichtsinnige Plan wirkte wohl wie ein Schock, es kam zu Dementis, halbherzigen Bestätigungen, Widerworten etc. Der Bundespräsident, H. Köhler, erkannte seine Stunde als Verfassungsorgan. Er trägt eine spezifische Verantwortung für Symbole wie den Nationalfeiertag. Er meldete sich sofort zu Wort, arbeitete wohl auch hinter den Kulissen, und das ganze, denkbar unerfreuliche Vorhaben wurde zum Glück abgeblasen und beerdigt. Hier einige Stichworte des Vorgangs, der einem Skandal gleichkommt.

Im Einzelnen: Die Entwicklung der Diskussion vom leichthändigen Vorstoß des Paares Schröder/Eichel bis zum raschen Rückzug von diesem m.E. unseligen Plan offenbart eine große Dynamik, die sich in der Presse widerspiegelt. Schon am 5. November 2004 titelte die FAZ vom selben Tag (S. 1): „Köhler will den 3. Oktober als Feiertag erhalten". Die Oppositionsführerin A. Merkel hält den Vorschlag für „abwegig, geschichtsvergessen und unmittelbar vor dem Mauerfall einfach nur beschämend". Es fallen Worte wie „Vaterlandslos, absurd, beschämend"[61].

---

[58] FAZ vom 6. Oktober 2000, S. 43.
[59] Vgl. FAZ vom 4. Oktober 2000, S. 12. – S. auch R. Wassermann, Tag der Deutschen Einheit – Ein Nachwort, NJW 2001, S. 793 ff. Sehr kritisch: R. Gröschner, Der oktroyierte Dritte Oktober, KritV 1993, S. 360 ff.
[60] FAZ vom 4. November 2004, S. 1.
[61] FAZ vom 5. November 2004, S. 8.

Kritik kommt von vielen Seiten: von Gewerkschaften, Union, FDP und sogar den Grünen[62]: „Massive Kritik an Streichung des 3. Oktober, Grüne leisten Widerstand, Zwiespältiges Urteil der Wirtschaft". In der „Welt" wird ein Interview mit dem Historiker *H.A. Winkler* veröffentlicht. „Jeder demokratische Staat braucht Symbole". Es kommt zur Schlagzeile seitens der Union: „Rot-Grüne sind Vaterlandsverräter"[63]. Der Streit eskaliert. Viele wollen den Feiertag nicht einsparen. Schon am 6. November 2004 kommt es zu einer Kehrtwende[64]. Veröffentlicht wird auch der Briefwechsel zwischen Bundespräsident und Bundeskanzler. Der Brief des Bundespräsidenten ist höchst eindrucksvoll. Er lautet im Auszug:

> „Sehr geehrter Herr Bundeskanzler, Sie haben mich gestern über die Absicht der Bundesregierung informiert, den Tag der deutschen Einheit am 3. Oktober als gesetzlichen Feiertag abzuschaffen. Der Tag der Deutschen Einheit am 3. Oktober trifft das Selbstverständnis unserer Nation. Dieser Nationalfeiertag ist wertvoll für unser Land. Wir ehren damit die demokratische Revolution von 1989 und drücken unsere Freude über die wiedergewonnene deutsche Einheit aus. Der 3. Oktober als Symbol für die Wiedervereinigung Deutschlands in Frieden und Freiheit ist wichtig für die Zukunft unseres Landes und sollte erhalten bleiben. Ich sehe Ihre Entscheidung mit Sorge."

In den Medien ist vom „Druck der Grünen" die Rede[65]. Eine Regionalzeitung titelte: „*Müntefering* fährt *Schröder* in die Parade"[66]. Laut einer Umfrage sind 67 Prozent der Deutschen für die Beibehaltung des Feiertages[67].

IV. Weltweite Gedenktage, Aktions- und Ehrentage – Welttage, Internationale Tage

Ein eigener Abschnitt gebührt den heute auf internationaler Ebene begangenen besonderen „Tagen". Sie nehmen in jüngster Zeit fast beunruhigend zu und drohen sich dabei gegenseitig zu entwerten. Doch offenbaren sie auch das Werden einer *Weltöffentlichkeit* im Zeichen bestimmter Grundwerte, das Entstehen eines kollektiven Bewusstseins für die *eine* Welt. Es wäre zu viel, von Elementen der „Konstitutionalisie-

---

[62] s. etwa Die Welt vom 5. November 2004, S. 4.
[63] Die Welt vom 5. November 2004.
[64] FAZ vom 6. November 2004, S. 4.
[65] FAZ vom 6. November 2004, S. 1.
[66] Nordbayerischer Kurier vom 6./7. November 2004, S. 49.
[67] NBK vom 6./7. November 2004, S. 1.

rung der Welt" durch solche „Tage" zu sprechen, doch sind sie auch nicht ohne Bedeutung für die durch die Internationalen Menschenrechtspakte, sonstige Pakte der UN, den IGH und den Internationalen Strafgerichtshof etc. vorangetriebene Konstitutionalisierung des Völkerrechts. „Über" den nationalen Verfassungsstaaten wölbt sich ein ganzes Geflecht von Grundwerten. Es ist nicht normativ verbindlich, nicht einmal „soft law", wohl aber schafft es oder erinnert es an Werte.

Hier einige *Beispiele,* die vor allem von den UN geschaffen worden sind[68]. So ist der 21. Februar „Internationaler Tag der Muttersprache" (UN), der 8. März der „Internationale Frauentag" (UN), der 21. März ist gleich vier Themen gewidmet (der Beseitigung der Rassendiskriminierung, der Poesie, dem Wald und der Hauswirtschaft), der 22. März dem „Menschenrecht" auf Wasser (dazu FAZ vom 2. März 2006, Beilage). Der 7. April ist „Weltgesundheitstag", der 27. April „Tag der Erde", der 1. Mai „Tag der Arbeit", der 3. Mai „Welttag der Pressefreiheit", der 15. Mai der „Internationale Tag der Familie", der 5. Juni figuriert als „Weltumwelttag", der 26. Juni gilt der „Unterstützung der Folteropfer", der 26. September ist der „Europäische Tag der Sprachen", der 17. Oktober der „Internationale Tag für die Beseitigung der Armut", der 20. November ist „Weltkirchentag", der 1. Dezember „Welt-Aidstag", der 5. Dezember ist der „Welttag für das Ehrenamt", der 10. Dezember der „Tag der Menschenrechte".

Die UN sollten sich vor einer Inflation ihrer „Welttage" hüten, eine kluge „Welttagspolitik" ist angezeigt. Z. B. sollten nicht zwei verschiedene Themen auf denselben Tag gelegt werden (so aber der erwähnte 21. März und der 20. November, Tag der Industrialisierung Afrikas und der Weltkindertag). *Europa* sollte sich entsprechend verhalten (s. aber den 22. September: „autofreier Tag"); glücklich ist der 21. Juni als „Europäischer Tag der Musik". Der 3. Juni als „Europa-Tag des Fahrrades" ist wohl nicht zwingend! Seit 2003 begehen 14 Staaten in Europa den Holocaust-Gedenktag am 27. Januar. Besonders viele Gedenktage begeht Frankreich: z. B. Jahrestag der Landung der Alliierten am 6. Juni, Gedenktag für die Gefallenen der Algerienkriege 1954–1962 am 5. Dezember (vgl. NZZ vom 18. Dezember 2003, S. 11), den 10. Mai als staatlichen Gedenktag der Erinnerung an den „Sklavenhandel, die Sklaverei und ihre Abschaffung" (FAZ vom 27. Juni 2006, S. 5) – ein Stück Pariser Geschichtspolitik.

---

[68] Ein Überblick findet sich in FAZ vom 2. Januar 2003, S. 7. – Eine Glosse schrieb *I. von Münch,* Geburtstage, Feiertage, Trauerspiele, NJW 1994, S. 2068 f. – Der FAZ (9. März 2006, S. 7) waren die „Nachrichten vom Frauentag" eine Spalte wert.

Die Feiertagsproblematik ist also auf verschiedenen Ebenen angesiedelt:

- Feiertage auf lokaler Ebene (Beispiele: das Friedensfest in Augsburg – 8. August[69] –, der Feiertag zur Befreiung Madrids von Napoleon – in Madrid, am 2. Mai, 3. Mai in Granada, Tag des Kreuzes)
- die regionale bzw. föderale Ebene (Beispiele: die unterschiedlichen Länderfeiertage in Deutschland und Österreich)
- die nationale Ebene (Beispiele: der 3. Oktober in Deutschland oder der 1. August in der Schweiz, der 20. August in Ungarn, der 9. Mai in Rußland, der 5. Oktober in Portugal [Art. 11 Abs. 2 Verf. von 1976], der St. Patrick's Day in Irland)
- die Weltebene (z.B.: „Welttag der Poesie" [FAZ vom 23. März 2006, S. 37]).

Neu zu denken ist an besondere Gedächtnistage, die die UN ausrufen; freilich beobachten wir hier eine gewisse „Inflation" von besonderen Tagen, z. B. in Sachen Internationaler Frauentag oder eines Tages für bestimmte Tiere und Pflanzen. Theoretisch müsste man sich überlegen, welche Feiertage bzw. Gedenktage weltweit von der UN-Ebene her begangen werden sollten. Sie sollten mit bestimmten *Grundwerten der Menschheit* in Verbindung stehen. Das Völkerrecht versteht sich m.E. als „Menschheitsrecht". Klassische Feiertage (Gedenktage) könnten so allgemeine Friedenstage oder Tage für den Schutz der Umwelt sowie das Unesco-Kulturerbe sein.

Ausblick

Naturgemäß ist dieses „Nachwort" von 2006 noch fragmentarischer als das kleine Buch von 1988 selbst. Doch ist es vielleicht gelungen, die anhaltende Aktualität der Sonn- und Feiertagsprobleme zu verdeutlichen. Im Typus Verfassungsstaat bzw. in seinen verschiedenen nationalen Beispielen variiert das Thema sehr stark. Darum ist es so sehr Teil der „nationalen Identität", dass z. B. das Europäische Verfassungsrecht grundsätzlich keine Auswirkungen auf das deutsche Sonn- und Feiertagsrecht hat. Dieses bildet in Deutschland ein Herzstück des Kulturverfassungsrechts[70] – den Erziehungszielen, spezifisch kulturellen Grundrechten und Grundwerten sowie manchen Präambelelementen, etwa den

---

[69] Dazu mein Festvortrag „Kulturpolitik in der Stadt – ein Verfassungsauftrag", 1979.

[70] Dazu P. *Häberle*, Kulturverfassungsrecht im Bundesstaat, 1980; spezieller *ders.*, Erziehungsziele und Orientierungswerte im Verfassungsstaat, 1981.

Gottesbezügen, verwandt. Darüber hinaus hat sich aber der *kulturwissenschaftliche Ansatz* insgesamt als fruchtbar erwiesen. Spätere Literatur nimmt häufig ausdrücklich oder der Sache nach auf den – kulturellen – Ansatz des Verfassers Bezug.

Indes ist dies nur die eine Seite. Wie der Sonntag und die systematisch und rechtstechnisch sowie z. T. auch historisch an ihn „angelehnten" Feiertage praktisch gelebt werden, entscheidet sich letztlich auf Dauer in der *offenen Gesellschaft der Verfassungsinterpreten* durch diese selbst. Die Bürger, die Kirchen – *alle* sind an der realen Feiertagswirklichkeit und ihren Auswirkungen auf die materielle Verfassung mit beteiligt. In diesen Rahmen gehören mögliche Vorgänge des sog. „Verfassungswandels" sowie die Relevanz des Selbstverständnisses der Bürger und, bei staatlich anerkannten kirchlichen Feiertagen, besonders der Kirchen.

Den Verfassungsgerichten in Deutschland gebührt Anerkennung dafür, dass sie die *„normative Kraft"* der Sonntags- und Feiertagsklauseln schützen, sich durch differenzierte Abweichungen und Rückgriffe auf das „institutionelle Denken" bzw. seine Dogmatik in ihren Dienst stellen, aber gleichwohl Gestaltungsspielräume für den Gesetzgeber belassen. Wo der verfassungsändernde Gesetzgeber und der einfache Gesetzgeber bei der Einführung von Feiertagen politisch gefordert sind, sollten sie die in der Vorauflage formulierten Maximen in Sachen „Feiertagspolitik" beachten. Das zum Glück gescheiterte Experiment in Sachen Abschaffung des „3. Oktober" in Deutschland (2004) ermutigt.

Was die weltweite Einordnung von Feiertagsgarantien angeht, so darf die These von den Feiertagen als „kulturellen Identitätselementen" bzw. „emotionalen Konsensquellen" wiederholt, ja bekräftigt werden, selbst dann, wenn sie nur einfachgesetzlich normiert sind, aber materiell gelebt werden. Wo die Feiertage auf die Kirchen oder andere Religionen bezogen sind, bilden sie ein wichtiges Stück „Religionsverfassungsrecht"[71]. Wo sie auf Grundwerte des Verfassungsstaates Bezug nehmen

---

[71] Vgl. *P. Häberle*, Staatskirchenrecht als Religionsrecht der verfassten Gesellschaft, DÖV 1976, S. 73 ff. Die Kontroverse dauert bis heute an. Nachweise in *ders.*, Europäische Verfassungslehre, 4. Aufl. 2006, S. 513 ff.; *A. Kupke*, Die Entwicklung des deutschen „Religionsverfassungsrechts" nach der Wiedervereinigung ..., 2004; *A. Hollerbach*, Staatskirchenrecht oder Religionsrecht? (1994), jetzt in: *ders.*, Ausgewählte Schriften, 2006, S. 304 ff.; *G. Czermak*, „Religionsverfassungsrecht" oder „Staatskirchenrecht"?, NVwZ 1999, S. 743 f.; *C. Winzeler*, Einführung in das Religionsverfassungsrecht der Schweiz, 2005; s. auch *C. Walter*, Staatskirchenrecht oder Religionsverfassungsrecht?, in R. Grote u.a. (Hrsg.), Religionsfreiheit..., 2001, S. 215 ff.

(Freiheit, nationale Unabhängigkeit und Einheit, 1. Mai), sind sie ein Kernstück seiner Kulturverfassung.

An irgendeiner „letzten" Stelle kommt freilich auch bei dem Sonn- und Feiertagsschutz der (deutsche) Verfassungsstaat an *Grenzen der Leistungsfähigkeit* seines Verfassungs*rechts*[72]. Auf Dauer behaupten sich nur *gelebte* Sonn- und Feiertage, auch wenn der einfache Gesetzgeber ausgestalten kann und soll. Die Wissenschaft hat an all dem einen gewissen, aber nicht sehr großen Anteil; dies um so mehr, als sie die Gefahr totaler Ökonomisierung aller Lebensbereiche auch hier entschieden und furchtlos beim Namen nennen kann. Alle Literaturgattungen, vom Kommentar bis zum Aufsatz, von der Urteilsrezension bis zum Handbuch-Artikel, sind gerade in Deutschland gefordert, ihren Beitrag zum Schutz der Sonn- und Feiertage zu leisten. In diesem Rahmen kann auch eine Monographie, wie die hier erneut vorgelegte, eine begrenzte Aufgabe erfüllen. Sie bildet im Übrigen heute wie schon 1988 ein Teilstück einer „Verfassungslehre als Kulturwissenschaft"[73].

---

[72] Ein Grenzfall dürfte auch Art. 3 des Verfassungsdokuments für Zypern (1959) sein (zit. nach JöR 9 [1960], S. 283): „The Greek and Turkish communities shall have the right to celebrate Greek and Turkish national holidays."

[73] Als Ergänzung zu den Sonntagsgedichten auf S. 59 sei das Gedicht von Robert Walser zitiert:
Es ist Sonntag.
Und im Sonntag ist es Morgen,
und im Morgen weht der Wind,
und im Wind fliegen all meine Sorgen
wie scheue Vögel davon.

Printed by Libri Plureos GmbH
in Hamburg, Germany